平凡サラリーマンから大逆転!

Real Estate Investment

年収1億円を生む 実践 不動産投資法

著者 : 北岸正光 Masamitsu Kitagishi

監修者 : 今田信宏 Nobuhiro Imada

ぱる出版

【お断り】

本書で紹介した不動産投資に関連する内容は、著者の経験を元にした個人的な見解であり、その有効性を保証するものではありません。本書の内容を実践することは、読者のみなさんの自由ですが、それによって仮に精神的、物理的、経済的などの損害が生じたとしても、著者、監修者、制作者、および出版社は、いっさいの責任を負いません。

はじめに

私は、不動産投資をはじめるまでは、ごく普通の会社員でした。それも会社員として成功していたわけでは、決してありませんでした。

会社員時代に、ヨーロッパの小会社に5年間出向していたことがあります。

「海外へ出向」と聞けば、皆さんはきっとこう思うでしょう。

「ほら、やっぱりエリート会社員で、優秀な人間なんだ」って。

でも、私は技術職としてメーカーに勤めていました。日本メーカーの場合は、技術の中枢が日本にあります。本当に優秀で必要とされる技術者は、日本から離れさせてくれません。当然のことながら、海外へ出向することなどあり得ません。

これでおわかりでしょう。

繰り返します。

私は会社員としては成功していませんし、ごく普通の社員でした。

こんな私が、不動産投資の知識ゼロの状態から、5カ月という短期間で、所有物件3棟、総資産4億5000万円の収益マンションを購入することができたのです。

私の投資目的は、キャッシュフローの獲得でした。

もっと言うならば、「自由な時間を持つこと」が夢でした。自由な時間といっても、毎日気ままな生活をして、寝たいときに寝て、遊んで暮らすことではありません。他人から指示されず、強要されずに、自分のやりたいことのためにだけ、自分の時間を使って生きることです。

そのためには、経済的自由を得る必要がありました。その経済的自由を得るための手段として、不動産投資を始めたのです。

不動産投資には、目的にあった投資方法がある

世間では、不動産投資と一言で括られていますが、実は目的によって投資法は変わります。

また、多くの書籍で不動産投資のメリットが書かれています。主なものを抜き出してみると、つぎの3つに要約できます。

・老後の年金代わりになる
・不労所得が得られる
・節税効果が得られる

もちろん本書も不動産投資の書籍ですので、このような恩恵を受けることができますが、重きを置いていること、考え方の土台になっていることは、「キャッシュフローを得ること」です。

キャッシュフロー重視の投資方法に必要なこと

キャッシュフローを得るための不動産投資で重要なことは、「物件の３つの見方」を理解することからはじまります。その３つとは、次の目線のことです。

①不動産屋目線
②銀行目線

③投資家目線

そして不動産投資をする上でポイントとなるのが、「②銀行目線」と「③投資家目線」の2つです。つまり、「不動産屋目線でのいい物件」は、投資家にとっていい物件ではないのです。

さらに本書のサブタイトルにもなっている、「まずはキャッシュフロー（CF）を生むRC一棟物を買いなさい！」ということが意味するのは、

①投資規模の成長スピードをあげること

②（十分な）キャッシュフローを得ること

この2つを実現させるために、非常に重要な意味を持っています。

なぜなら、最初の一棟目、二棟目に区分所有の物件、あるいは木造築古物件を購入したがために、その後は全く融資が付かず、不動産投資がストップしている人がたくさんいます。

どうしてストップしているかというと、このような人たちは本書で説明している

「信用毀損《しんようきそん》」が発生していることが原因です。

不動産投資を継続的に進めるためには、「信用毀損」の罠に陥らないように、「銀行目線」の考え方を理解しておく必要があります。

「銀行目線で銀行評価の出る物件か？」、「投資家目線でキャッシュフローの出る物件か？」を見極めることができれば、成功への近道となります。

銀行の物件評価方法をマスターする

私が5カ月で目標を達成することができたのは、真っ白な知識ゼロの状態に、知識の塊だけを詰めた頭デッカチにはならず、不動産投資を行うために本当に必要な知識と実践可能なことだけを身につけたからです。

本書では私が不動産投資家として実践し成功を収めるために勉強したノウハウ、知識を紹介しています。そのため、他の書籍に見られるような、実践には必要でない内容は、あえて記述していません。

また、不動産を購入するためのノウハウを中心としているので、その後の賃貸経営、税務に関するノウハウについても簡単に紹介しているだけです。

その分、紙面を割いたのは、銀行融資に関するノウハウです。このことについては、自分の足で集めた情報と、現在も継続している不動産投資コンサルタントとしての、年平均約50棟の融資付けを行って得た情報を紹介しています。

さらに、類書には書かれていない銀行の物件評価方法も具体的に紹介しています。

2010年の現在は、金融機関の融資姿勢は厳しくて、「融資を受けることなんて無理！」と思っている人が本当にたくさんいます。不動産コンサルタントという肩書きの人のなかにも、「融資は厳しい」といったことをおっしゃっている人もいます。

しかし実際には、数年前から物件に対する銀行の融資基準は変わっていません。

リーマンショック以降、融資が厳しくなったといわれている三井住友銀行（SMBC）ですら、物件の評価基準は変わっていません。確かに、会社員に対して3割の頭金を求める傾向が強くなっていますが……

現在、不動産への融資が積極的な銀行として「スルガ銀行」と「オリックス信託銀行」が有名です。

SMBCが積極的に融資を行っていたリーマンショック以前では、スルガ銀行は金利が4・5％でしたので、金利が高いという理由で敬遠していました。

しかし、リーマンショック以前を「売り手市場」というならば、今は「買い手市場」といえます。なぜなら、物件の価格が下落しているからです。

そうなると、たとえ金利が4・5％であっても、目標とするキャッシュフローを得られる物件は、続々と市場に出て来ています。

自分の投資目的と投資方法にブレのないこと。あくまでも投資目的の軸をぶらさずに、投資対象を絞ることが重要です。

単純なステップだから実行できる投資方法

キャッシュフローの獲得を目的にした私の行動パターンは、非常に単純です。

ステップ1：銀行評価の出る物件を探す
↓
ステップ2：キャッシュフロー評価で、自分の基準に合った物件を絞る
↓
ステップ3：現地調査で満室経営が可能かの調査を行う
↓
ステップ4：銀行に融資申し込みをする

銀行評価とキャッシュフロー評価を数字化しているので、この単純な行動パターンが取れ、非常に効率的に動くことができるのです。

実はステップ1～3の行動は3日以内に行っています。これこそが、行動力を伴った投資方法であり、私が5カ月で成功した大きな要因です。

「不動産もミニバブルが弾けた！」と、新聞紙上でも賑わっていました。私も、「不動産投資をしています」と一般の方に言うと、「大変ですね」と同情されることもあります。

しかし、不動産不況のときこそ、絶好のチャンスなのです。皆の前を同じチャンスが平等に通り過ぎて行きます。そのチャンスに気付き、素早い行動を取った人だけが成功します。

本書では、そのチャンスをつかむための知識とノウハウを紹介しています。あと必要なのは、みなさんの実行だけです。

知識の習得と実行の両輪で、多くの方が不動産投資で成功されることを願っています。

２０１０年９月　著者

Contents

1 不動産投資の戦略について学ぶ

2 不動産の売買と必要費用を学ぶ

5

銀行融資の基礎知識を学ぶ 141

6

銀行の融資評価方法について学ぶ 167

7 物件の管理について学ぶ

LESSON 0

知識ゼロから5か月で3棟購入できた経緯

不動産をはじめたきっかけ

不動産を始めたきっかけは、ほんの些細なことです。

私の夢は、いつかは会社員を辞めて、会社のためではなく、自分のために自分の時間を使うリタイア生活を送ることでした。社会人になったのも、その夢を実現するためです。

ところが、仕事に追われているうちに5年が過ぎ、10年が過ぎ、気がつけば40歳を超えていました。すっかり昔の想い（夢）は忘れて、会社のために働く変化のない毎日を送っていました。

そんなときに、不動産投資コンサルタントの今田信宏さんの話を聞く機会がありました。今田さんの不動産投資の考え方やリタイア戦略は、忘れかけていた私の夢を実現できる唯一の手段なのではないかと思わされるものでした。非常に興味深い内容でしたので、聞き終えた後には、忘れていた「脱・会社員」の夢を実現させることを決意していました。そしてさっそく、行動したのです。

不動産投資をはじめる前の、とても重要な勉強

ちょうど夏休み前だったので、休みを利用してさっそく不動産投資の勉強をはじめることにしました。すぐに今田さんに相談し、コンサルティングして頂きたいことを伝えました。そしてさっそく薦められた本を購入しました。

まずは不動産投資とは関係のない、成功則の本からです。いきなり投資の勉強をせずに、今度の不動産投資の基礎になる「成功則」を学んだことが、不動産投資で非常に役に立ちました。今から考えると、この時期の勉強が、最も大切であったと言い切れます。

世界的に有名な不動産投資家でもあるロバート・キヨサキ氏がいう「チャンスに対する準備」だったのです。

成功則の勉強をしてから、不動産投資に関する基礎的な勉強も行いました。この頃は主に机上での勉強だったので、実践経験もないし、理論上はわかっていても、物件選びなどはズブの素人です。物件概要書の見方なども、手取り足取り教えてもらっていた状態でした。

実践トレーニング① 戦略の決定

ビジネスの成功則から不動産投資の基本を身につけた後は、実践でのトレーニングです。融資先銀行は数行に絞られているので、1億円を超える物件を、3〜4棟購入することが目標になります。なぜなら、1年間で購入できる最大物件数は、融資先銀行の数で決まるからです。

これらの戦略を立てることが、第一段階です。

シミュレーションしてみると、「築古、安価(数千万円程度)、高利回り物件」では、短期間でリタイアできないことがわかります。

また、それらの物件に融資付けして購入すると、信用毀損《しんようきそん》の可能性が非常に高くなります。信用毀損を起こすと、融資戦略が遅れるどころか、次の物件への融資を受けること自体が、当分の間、不可能となりえるのです。

実践トレーニング② 物件概要書の見方を身につける

次に、物件概要書の見方を徹底的に叩き込まれました。「物件概要書を見て30秒で検討に値する物件か否かを判断せよ!」とのコンセプトの元、どこの情報をどのように見てどう判断するのかを徹底的に教育されました。

おかげさまで、今では今田さんより早く物件概要書を見ることができます。物件概要書を見れば、30秒もかからず、3秒もあれば十分に判断できます。

物件の見方は、優先度の高い情報から順番に見ていき、ふるいに掛けていくというトレーニングをすれば、誰にでもできます。

実践トレーニング③ 現地調査をマスターする

現地でのトレーニングには、物件を確認するポイント、空室か入居中かを見分ける方法、躯体の傷みを確認する方法などがあります。

さらに、近隣で調査しなければいけないポイントとして、近隣にある物件の空室率調査や不動産業者へのヒアリングなどがあります。

さらに、不動産業者との付き合い方があります。不動産業者とどのように接すれば、こちらの希望する物件情報を優先的に教えてくれるのかなどについて、丁寧に教えて頂きました。

実践トレーニング④　銀行とのやり取り

銀行へのアプローチの仕方についても、具体的に教えてもらいました。どのように電話をして、誰に取り次いでもらい、そしてどのような情報を伝えて面談の約束を取り付けるのか、0から10まで全てマスターしました。

こうして準備は一通り整い、いざ購入です！

初めての買い付けで得た貴重な経験と、揺るぎない自信

本格的に物件を探しはじめて数週間たったときに、やっといい新大阪の物件にめ

ぐりあいました。その物件が、初めての買付けになった記念すべき物件です。

融資は3行に申し込みましたが、2行は容積率オーバー(共用部分を除けばOKなのですが)を理由に融資不可。1行は融資OKで、融資額は2億8000万円でした。

そこで2億8000万円で指値をしましたが、残念ながら通らず、そのまま流れてしまいました。

この物件は購入できませんでしたが、実際に買付を行ってみると、数えられないくらいたくさんの貴重な経験ができました。

そのなかでも、初めて銀行の担当者と話をしたときに、長年会社員として培った経験や交渉手法がそのまま通じることがわかったことは、大きな収穫でした。

そしてなによりも、普通の会社員だった私に、銀行が「2億8000万円」の融資を認めてくれたのです。

物件情報・新大阪

- 構造……RC
- 築年数…16年
- 利回り…現況9.2%
  満室想定10.7%
- 価格……3億2,500万円

▼「不動産屋目線」と「投資家目線」で物件選びが異なることを経験する

今田さんからは、「物件に必要以上に思い入れをするな！」と教えられていたので、気持ちを切り替えて次の物件探しに取り組みました。

このときから、不動産屋の紹介物件を待つだけではなく、インターネットを使った物件調査も行うことにしました。とりあえず勉強のためにとの気持ちではじめたのですが、これが大当たりでした。

また、自分の基準で物件を探してみると、不動産業者は本当のインカムゲインが見えていないことがよくわかります。私の結論ですが、不動産の世界は、金額の張る品物を扱うフリーマーケットなのです。でも、私が探し求めているような収益を目的とした投資物件は、「不動産屋目線」ではなく、「投資家目線」で引っかかる物件なのです。

そうした中で、大阪市内の物件を見つけ出しました。シミュレーションの結果、フルローンがまず問題なさそうだっ

物件情報・大阪市内

- 構造……　ＲＣ
- 築年数…　18年
- 利回り…　現況8.2％
　　　　　満室想定11.7％
- 価格……　１億5,800万円

たので、早速銀行に融資の申し込みをしました。

結果はなんと「フルローン1億5800万円、OK!」でした。

ただし、土壇場になって売主が売却を取りやめたため、この物件を購入することは出来ませんでしたが、物件の見方とシミュレーションが正確になって来たことを実感しました。この頃から物件調査に自信を持てるようになってきました。

一気に爆発！　複数連続購入に向けて

物件調査に自信を得たので、京阪神エリアに限定せずに、物件を探し始めました。

エリアを限定しないときの物件探しに、インターネットは非常に有効です。

インターネットで全国を対象に物件を探した結果、2件の優良物件を見つけ出しました。福井県と新潟県にある物件です。新潟の物件は買い付けが入っていなかったのですが、福井の物件はすでに買い付けが入っていたので、私は二番手でした。

今回の地方物件の調査では、地方というリスクが発生するので、そのリスクを利回りでカバーすることを前提条件として物件を選び出しました。

それを踏まえてシミュレーションした結果、2件とも問題ありません。こうして、「新潟物件」と「福井物件」の購入に踏み切ることになりました。

▽新潟物件の購入への道

新潟物件はオークション物件でした。

今田さんからは、「必ず物件を見ろ！　たとえ遠方でも、リスクを十分に上回る利回りが確保できていても、まずは物件を見てから判断すべき」と指導されているので、早速、有給休暇を取って現地調査です。

物件自体は特に問題となる点はありませんでした。ファミリータイプのマンションですが、近隣にはこの手のマンションの数が少なく、競争力も問題ありません。

物件を見に行ったときも、2組が入居の案内を受けていました。

オークションなので、当然ながら最低落札価格で落札はできないと確信していました。そこで、次の3つの条件をクリアできる範囲で、入札の上限価格を決めることにしました。

①フルローン可能な金額であること
②地方物件をカバーする利回りを確保できること
③目標とするキャッシュフローを確保できること

私の決めた上限価格以上に価格がつり上がったときは、キッパリと購入を断念することも、心に誓いました。

と、ここまで聞くとたいそうな話に聞こえるかもしれませんが、実際に上限価格を決めたときは、利回りの設定に悩んだだけ(決断するだけ)でした。なぜなら、その他の項目についての指標はすでに自分の投資方法として確立しているので、数分間の計算(シミュレーション)を行えば済んでしまうからです。

オークションは「1億2520万円」からスタートし、そして結果は…… 無事に「1億4190万

物件情報・新潟

・構造 …… ＲＣ
・築年数 … 21年
・利回り … 現況19.37%
…………… 満室想定21.43%
・価格 …… １億800万円（ただし、オークションの最低落札価格）

円」で落札できました。ちなみに、この落札価格は私の設定した上限価格ではありません。上限価格まで行かずに落札できたのです。

オークションで物件を落札するというと、手に汗を握りながら、競合が提示した金額を上回る金額を提示していき……という場面をイメージされるかもしれませんが、全く違いました。なぜなら、私は現地調査で物件の状態を把握していましたし、投資方法に基づいた上限金額を設定できていたので、焦ることもドキドキすることも、もちろん不安もなく落札できました。

▼福井物件、二番手から一番手に

福井物件は二番手でした。一番手の方も私も、満額での買い付けを入れているとのことでした。

1週間後に連絡すると、「一番手の方が購入の意志を見せないので、一度物件を見に来てください」とのこと。もちろんすぐに、物件を見に行きました。

物件は築23年と古いのですが、27室中13室を、新築同等にリフォームしていました。建物自体は問題はなく、現地調査の結果は入居付けも問題なさそうです。

見学の後、仲介業者に購入の意志をはっきりと示しました。一番手の方は、1000万円引きの指値をしたようで、そのために折り合いが付かなかったようです。

必ず指値を入れなければ気が済まない人がいます。しかし、「指値が通ったから得をした」という考えは大きな間違いです。指値が通っても損をしている可能性があります。物件の価値に対して、きちんとした自分の評価価値を付けていかなければ、正しい購入には結びつきません。

物件情報・福井

・構造……　ＲＣ
・築年数…　23年
・利回り…　現況11.74%
……………　満室想定14.78%
・価格……　１億3,500万円

「新潟物件」と同様、銀行融資額と物件から得るキャッシュフローに判断基準を持っていれば、単に物件価格を下げるだけのような戦略なき戦略に陥ることはありません。

▼物件の特性に合わせた融資戦略の構築

いよいよこれからが本番、融資付けです。

シミュレーションをしているので、キャッシュフローの拡大化、地方物件としての融資先銀行の選定などは万全です。

銀行の融資は、物件の所在地によって融資対象銀行が異なってきます。都市銀行は基本的には全国区なので、都市銀行であるA銀行を中心に融資戦略を組み立てます。ただし、キャッシュフローの拡大化のためには、融資期間の短い福井物件は金利の低いA銀行で決定です。

シミュレーションの結果では、A銀行からは満額融資が可能なので、手数料込みのオーバーローンで申し込みをしました。「融資申し込み金額：1億4500万円（物件価格：1億3500万円＋購入手数料：1000万円）」です。

今回のポイントは、満額融資＋αのオーバーローンをA銀行が出してくれるかです。A銀行から回答は「1億4000万円」、オーバーローン大成功！

次に、新潟物件は超高利回り物件なので融資基準を調査する目的も兼ねて、計5

行に融資を申し込むために、２日間かけて銀行回りをしました。

その内訳と、融資申し込み価格（1億４１９０万円）に対しての融資結果は次の通りです。

・都市銀行：2行→1行は融資不可、1行は1億1000万円の融資金額
・地方銀行：2行→1行は融資不可、1行は1億1000万円の融資金額
・政府系銀行：1行→事業性で判断するので、初回購入物件への融資は無理

よって、この時点では「1億1０００万円」の融資金額は確定しました。満額融資には届きませんでしたが、あくまでも各銀行の融資基準の調査も目的のひとつだったので、落胆はしませんでした。

しかし、頭金が３０００万円必要なので、新たな融資先を探し出す必要があります。インターネットで探してみると、金利は高いが全国に融資を行っているB銀行を見つけました。

さっそく融資の相談をすると、銀行としては最大90％までの融資しか行わないと

のことでした。そこで銀行担当者と相談して融資申込金額は、今回も手数料込みの「申込金額：1億4190万円（物件価格）＋990万円（手数料7％）＝1億5180万円」としました。90％である1億3500万円で審査部と交渉を行ってくれた結果、1億3500万円の融資でOKです。金利は高いが、私の試算では十分なキャッシュフローを得られます。物件価格に対しては700万円ほど不足していますが、1年で十分に元が取れます（最終的には、融資担当者が頑張ってくれて、＋500万円の「1億4000万円」の融資でした）。

ちなみに私の場合は、融資の申し込みに際し、メインバンクを作ることも特別なプレゼン資料を作ることもしていません。純粋に物件と私個人の評価をお願いして、銀行融資を受けています。

突然現れた3棟目、兵庫物件

2物件の融資が確定したあと、以前に物件資料を取り寄せた不動産業者から物件概要書がFAXされてきました。

物件情報・兵庫

・構造…… ＲＣ
・築年数… 16年
・利回り… 現況9.3%
…………… 満室想定11．2％
・価格：１億7,000万円

概要書を見ると、この物件が購入できれば、リタイアする為の目標キャッシュフローがクリアーできます。

平日だったので、物件を見に行けたのは夜中の12時前でした。下の階から順番に、駐車場↓１Ｆ↓２Ｆ↓３Ｆ↓４Ｆと調査した結果、物件自体には特に問題はありません。

次の日は有給休暇を取って朝一番から、入居者付けの市場調査を数社の賃貸仲介会社にヒアリングして、これも問題ないことを確認しました。

そして、昼前には近くのコンビニから買付書をＦＡＸし、一番手を確保しました。後日、この物件を紹介してくれた仲介会社から「北岸さんの買付書が届いた後、直ぐに他の買付書が数本入ってきましたよ、」と言われました。スピードある行動で勝ち取った一番手でした。

3棟目もカンタンにフルローン

シミュレーションの結果、全く問題なくフルローンは可能で、オーバーローンも狙える物件です。関西物件用に残していた地銀にすぐに融資の申し込みをしました。銀行へフォローの電話をすると、「すぐに確認をします」と愛想の無い返事でした。が、書類を確認していい物件だと判断したのでしょう。間もなく折り返しの電話がかかってきて、正式に融資手続きを取ってくださいとのこと。優良物件であれば、銀行担当者が抱えている多くの仕事の中で最優先の仕事に格上げしてくれます。

オーバーローンは無理でしたが、無事に満額融資が決定。物件価格1億7000万円に対して、融資金額1億7000万円です。

最後に〜知識から知恵へ〜

収益不動産投資により、会社員を最短でリタイアするためには、知識があるだけでは駄目です。最も重要なのは「知恵」です。

新潟物件の場合、なぜ私がオークションで落札できたのでしょうか？福井物件の場合、なぜ二番手の私が一番手を差し置いて購入できたのでしょうか？　答えは簡単です。「知恵」があったからです。

知識ばっかりに頼っていると「人間の欲」が出てきます。「人間の欲」は「知恵」には勝てません。私は、「知恵」を持って「欲」を抑えることができたので新潟物件と福井物件を購入することができたのです。

もっと具体的に言いますと、「融資戦略」、「キャッシュフロー目標」、「手持ち資金」の3つの項目をベースにリタイア戦略を立てたので、後は戦略に従ってまるでパズルを当て嵌めていくように確実に実行していくだけです。

「融資戦略＝不動産投資全体の戦略」といっても言い過ぎではないくらい、融資戦略は重要です。この戦略は知識だけでは作れません。「知恵」が必要です。

その「知恵」を身につけられるように、本書の内容を理解して、実践してください。

■今田信宏の不動産投資成功コラム

こういった実践記を読むと、すぐに部分的な反論が出てくる。「今と当時じゃ融資の状況が違うよ」「今は無理だねこんなことは」と。

そう、その通りである。融資の状況は刻一刻と変化するのが常である。その後融資が厳しくなり、フルローンが極めて厳しくなった。当時、コンサルティングを行ってリタイアを勝ち取ったのは、北岸さんを除くと非常に少数である。

ところが、融資の状況が厳しくなって以降というもの……リタイアするまで成功する人が続出している。少なくとも私の周りにはゴロゴロいる。今の方がやりやすいというのが私まわりの総評だ。

これは、テクニカル的には融資が厳しくなって物件価格が下落した↓キャッシュフローの出る物件が出やすくなった↓結果的に物件が入手しやすくなっているということにつきる。ただ、物件の入手争奪戦に関して言うと当時は現在の比較にならないほど厳しい時代だった。北岸さんの意思決定力、行動力いずれをとっても極めて優れていたということである。

LESSON 1

不動産投資の戦略について学ぶ

目標は具体的な数値にして、数字で「見える化」する！

あなたの投資プランは、具体的な数字に落とし込んだものでなければいけません。その投資プランには、「中長期」のものと、「短期」の2つのものを用意します。

中長期の投資プランを設定する

流れに任せた計画性のない投資は、リスクが非常に高くなるだけです。まるで海図を持たずに大海原に船で出港する船長のようです。

その海図に相当する投資プランを立てて、大海原である不動産投資の世界に出て行く必要があります。

この最初に立てる投資プランは「中長期の投資プラン」ですが、決して難しく考えないでください。

「いつまでに、いくらのキャッシュフローを得たいのか」

この目標を立てることが重要なのです。

ただし、キャッシュフローの試算時は、「諸経費」と「空室率」を見込んでおくことだけは忘れないでください。

この中長期プランのベースは、あなたの夢です。そのため、漠然と不動産投資をするのではなくて、具体的な夢を持ってください。その夢の実現が、あなたのゴールなのです。

▼短期の投資戦略を設定する

中長期投資プランの次に行うのは、そこまでの「節目」をクリアするための短期的な戦略を立てることです。これが短期の投資プランになります。短期投資プランでは、具体的に次のようなことを決めますが、当然ながら各人の考え方で決めればいいので、同じ目標でも戦略は異なります。

・手持ち資金はいくら使うのか？
・いくらの価格の物件を、何棟購入するのか？
・それぞれの物件から、いくらのキャッシュフローを期待するのか？

計画・戦略は常に見直すもの

「中長期」と「短期」の投資プランをたてることからはじまりますが、注意点は、この投資戦略にこだわりすぎると、目の前にある素晴らしい物件を取り逃がす可能性があることです。計画は計画。あくまでも一つの指標として、柔軟に対応していくべきです。計画に縛られすぎてはいけません。

また、計画通りに実績が到達していなくても、決して不動産投資に失敗したとか、能力がないと考える必要はありません。

大切なことは、計画を見直して修正することです。半年ごと、または1年ごとに、計画に対しての実績をチェックしながら、修正していきます。計画はあくまでも計画なので、実績に沿ってどのように見直して修正していけるかが重要になります。

■今田信宏の不動産投資成功コラム

不動産投資における成功までの過程は容易ではないケースも多い。

北岸さんの場合は5ヵ月という異例の短期間で成功した。今田の場合は3年。数年かかって成功したという人も多い。成功した人と、しなかった人を数多く見てきたが成功者には多くの共通点がある。

資産が多い人でしょ? といわれることがあるが、資産が多くても成功していない人は山のようにいる。成功者の資質としてはスピードが速い、意思決定が迅速などもあるが、一番重要なのは「継続すること」。たとえスピードが遅くても継続すれば成功できる。これが不動産投資のいいところだ。そして、最初の質問「何のために成功するのか?」に戻る。

楽をしたい、趣味の世界だけで生きたい、寝て暮らしたい、海外旅行だけで生活したい
残念ながらこういった目標を掲げて成功した方はごく少数だ。喰っちゃ寝を目標に努力を重ねるのはやはり難しいということだろう。

違いを知る！ 目標に合った投資方法と、夢を実現できない投資方法

不動産投資法には、いくつかの種類があります。それぞれの投資法にはメリットとデメリットがあるので、自分にあった投資法を選択する必要があります。

各不動産投資法の特徴を理解する

代表的な不動産投資法の特徴を理解して、あなたの投資プランや戦略に合った投資法を選んで進めていかなければいけません。

もし、選択した投資法が自分の目標に合わなかったり、いろいろな投資法を混在させたりした場合には、夢への遠回りになるだけでなく、最悪のケースは不動産投資が中途半端な状態でストップしてしまい、夢が実現できなくなることもあります。

そこで、主な3つの投資方法について、そのメリットとデメリットとともに、私

の個人的な評価を付加しておきます。
自分の目標に適した投資方法を選ぶ際の参考にしてください。

◆マンションの一室などに投資する「区分投資法」

【メリット】

・小額資金から投資が可能
・比較的、売却が容易
・立地の良い物件が入手可能
・共用部の管理が不要
・失敗しても自己破産まで至り難い

【デメリット】

・物件入手にかかる労力は一棟物と同じ
・担保評価が低いため、銀行融資を受けて購入した場合は「信用毀損」を起こす
・大きく成長するためには、物件を数十室入手する必要がある（実質上管理が困難な状態となる）

・大規模修繕などの投資判断が自分でできない（管理組合の判断に左右される）
・空室時は赤字となる（管理費、修繕積立金などの持ち出し）

【総合評価】

不動産投資を始めやすいが、成長スピードが非常に遅く、夢の実現に至らないケースがほとんど

◆築古高利回り投資法

【メリット】

・減価償却費が大きく取れるので、黒字事業者は節税対策となる
・小規模の場合は、会社員であれば住宅ローンの延長線上で融資を受けやすい（ただし、次の融資の際にネックとなるケースが多い）

【デメリット】

・修繕費が膨大に掛かるケースがある
・融資期間が短くなるため、キャッシュフローが出にくい
・物件競争力は将来的にさらに劣る可能性が高い

【総合評価】

5000万円以下の物件が多いので、入手はしやすく、ある程度の成長は望める。時間を掛ければ夢の実現に至るケースもある

◆土地値投資法

【メリット】

・資産価値が下がりにくい

・土地購入が目的であれば、上物が土地代金を支払ってくれる

【デメリット】

・資産価値が市況に左右される

・利回りが低い物件が多い

・融資を受けにくい

【総合評価】

資産家が現金を土地に変換させるには最適な方法。ただし、キャッシュフロー目的の投資家には向いていないケースが多い

例えば、キャッシュフローの獲得を目的とした投資家が土地値物件を購入したとしても、本当の目的に達したとは言えません。また、2～3年後には目標とするキャッシュフローを得たいのに、区分所有マンションに投資をしても、やはり目的を達することはできません。

このように、投資法によってそれぞれ特徴がありますので、あなたの目的に適した投資法を理解する必要があります。

あなたの数値目標は何でしょうか？
具体的な数値目標を左枠に書きだして見ましょう。

数値目標

数値目標の例
・キャッシュフローを年間1000万円得る。
・都市近郊に5億円の土地資産を築く。

■今田信宏の不動産投資成功コラム

今田の場合、築古高利回り投資法から始めた。成功と呼べるまで3年かかった。

高野さんという会社員から不動産投資を始め不動産投資コンサルタントをしている方は区分投資法（ただし融資は使わない）から始めてやはり3年かかった。

このように、これらの投資法を既に始めた方でも時間はかかっても成功は可能だ。

ただ会社員で土地値投資法や、ここには書いていないが新築投資法から始めて会社員でリタイアまで成功した事例を今のところ聞いたことが無い。

どこまで成長が可能なのか興味のあるところだ。

また、人によってはそれぞれの良いとこ取りをしたミックス投資法を実践しようとするが、やはり成功の事例を知らない。私はそれをダボハゼ投資法と呼んでいる。

投資戦略にあった物件に絞る！

不動産投資は、株式やＦＸなどと比べて、ひとつの失敗を立て直すには非常に時間がかかり、最悪のケースでは不動産投資から退場しなければいけません。そうならないために、投資戦略にあった物件に絞って投資を行う必要があります。

全ての物件を同じ指標で判断してはいけない

収益物件といっても、いろいろな物件が存在します。そこで大きく、「用途別」と「構造別」の２つに分けて考えるのが便利です。

◆用途別に分けて考える

一般的に、店舗・事務所の家賃は、住居系よりも平米あたりの価格が高くなりま

投資法と建物用途の関係

投資方法	用途別		
	住居系	住居＋店舗・事務所	店舗・事務所
区分投資法	○		
築古高利回り投資法	○		
土地値投資法	○	○	
キャッシュフロー投資法	○	○	

す。よって表面利回りが店舗・事務所系のほうが高くなります。

しかしながら、安定性で見れば、店舗・事務所の入居は景気に左右されやすくなるので、住居系のほうが入居付けの安定性があります。

◆建物構造で分けて考える

建物構造によって、建築コスト、耐用年数、価格帯が異なります。

実はこれらの要因は、投資戦略に対して大きな影響を与えます。具体的には、次のように影響を与えるので、狙う建物構造を絞るべきです。

建築コスト（再調達価格）→建物の担保価値

耐用年数→融資期間

投資法と建物構造の関係

投資法	構造別				
	木造	軽量鉄骨	S造	RC造	SRC造
区分投資法				○	○
築古高利回り投資法	○	○			
土地値投資法	○	○			
キャッシュフロー投資法			△	○	○

価格帯→資金調達

投資戦略を考えた場合、適合する物件は上の表のようになります。

ただし、不動産業者でない一般人は、住居系を狙うべきでしょう。

なぜなら、住居系の場合は、街中にある大手賃貸仲介会社（エイブル、アパマン、ミニミニなど）で入居者の募集は可能ですが、店舗・事務所は専門の賃貸仲介会社に依頼する必要があります。これらの仲介会社は小規模なケースが多く、業者の実力を把握することが困難です。

不動産投資における3大リスクを把握する

全ての投資にリスクはつきものです。しかしながら不動産投資のリスクは、コントロール可能であることが特徴です。

また、収益物件を購入した後は、大家さん（=賃貸経営者）となります。賃貸経営になると、今度は投資リスクの管理能力ではなく、経営者としての経営能力が重要となります。

そこで、物件購入後のリスクを見ていくことにしましょう。

①空室リスク

不動産投資に対するリターンとして、バブル以前は「キャピタルゲイン」狙いでした。バブル以降は土地値上昇神話が崩れ去り、リターンとして「インカムゲイン」を狙うようになりました。

インカムゲインとは、インカム、すなわち家賃収入をいかに最大限にするのかを重視したものです。

その家賃収入に対するリスクが「空室」です。

このリスクを可能な限り回避するために、次の2つの対処策があります。

◆空室リスクの回避方法①　満室にできる物件を購入する

当たり前のことですが、多くの方が物件の購入に没頭しすぎるあまり、このことを忘れてしまいます。そして、物件を購入してから満室経営に向けて動き出します。しかし、この方法では空室リスクを避けることはできません。

空室リスクを避けるためには、はじめから「満室にできる物件」を購入する必要があります。そのためには、もちろん購入前に、入居付けが可能かの現地調査をしておく必要があります。

これは実際にあった話ですが、利回りが20％近くのシングルタイプの収益マンションが売りに出されていました。しかし、この地域は大学の城下町で、大学移転が最近あったためにシングル向けの賃貸マンションは供給過多状態になり、入居率は軒並み50％を切っていました。このような収益マンションを利回りに引かれて購入しても、入居付けは困難となります。

◆空室リスクの回避方法②　キャッシュフロー試算時には空室リスクを考慮する

入居者は賃貸契約書で入居期間を契約しています。しかし、入居者は契約期間中であっても、1カ月以上前に退去日を通知することによって、退去が可能となります。すなわち、いくら契約期間が残っていても、常に空室リスクは存在しているのです。

大家さんの中には、入居したら退去しないような仕組み作りをしている人もいますが、例えば転勤や結婚といった入居者の事情ひとつで、退去は発生します。

一般的に平均入居年数は次のようになります。

・シングル向け：3～4年
・ファミリー向け：5～6年

シングル向けで平均入居率が4年の場合、机上の計算では年間25％（1÷4）が退去するので、20室の収益マンションの場合は、年間に5室（20室×25％）が退去すると試算します。

このように、購入する収益マンションからの期待キャッシュフローは、一定の空室率を想定して試算することが重要です。

②地震・災害リスク

日本は地震大国です。平成7年に発生した阪神・淡路大震災は衝撃的な出来事でした。さらに地震だけではなくて、火災などの災害にあうリスクを避けて通ることはできません。これらの災害に対する対処方法として、次の3つがあげられます。

◆地震・災害リスクの回避方法①　強度の高い物件を選ぶ

建物構造、建築年によって、建物の強度は変わってきます。

建物構造からみると、「新耐震基準」といわれている、昭和56年の建築基準法に適

物件と災害のリスク

	火災	地震		価格帯
		旧耐震	新耐震	
木造	×	×	○	2000万～10000万
軽量鉄骨造	×	×	○	2000万～10000万
重量鉄骨造	△	×	○	5000万～20000万
鉄筋コンクリート造	○	△	○	5000万～50000万
鉄骨鉄筋コンクリート造	○	△	○	30000万～

合している物件が望ましいといえます。竣工（建物完成）ベースでは、昭和58年頃までは旧耐震の物件が多くあります。

特に実際の大型地震の被害状況をみると、旧耐震基準の木造物件に、倒壊や半壊が非常に多く見られます。

しかし、旧耐震であっても、鉄筋コンクリート造の低層階建物は被害が少ないケースが多かったとも報告されています。

阪神・淡路大震災で倒壊した建物のほとんどが旧耐震基準であった実績からも、昭和56年に改正された新耐震基準に適合している建物は、地震に対して強いといえます。

旧耐震の建物を検討した場合には、建

物検査を依頼する方法もありますが、数十万円の費用が必要となります。

また、火災については鉄筋コンクリート造、または鉄骨鉄筋コンクリート造の物件であれば、ある部屋から出火しても、被害はその部屋だけで収まっているケースがほとんどです。

木造が火災に弱いのは容易に想像がつきますが、実は鉄骨造も同様です。鉄骨造は火災に強いと思っている人が多いのですが、鉄骨部分以外は木を多用していますし、部屋と部屋はコンクリートで分離されていないため、容易に類焼（もらい火）し、全焼します。

実際に震災のときも、多くの建物では一部分からの出火、またはもらい火によって全焼しています。これらの建物の多くは木造または鉄骨造でした。

◆地震・災害リスクの回避方法②　損害保険によるリスク回避

自宅を持っている人は、火災や地震に対する損害保険に加入していることと思います。同様に、収益物件も損害保険に入ることができます。これによって、災害に対してのリスク回避が可能となります。

また、保険料は次のような条件によって大きく変わってきます。

・建物構造(別表を参照)
・補償対象の範囲：火災、地震、水害など
・保険金：賠償金額
・契約期間：単年〜全融資期間

基本は次の表の3項目になります。保険プランによっては、その他にさまざまな建物補償が付いています。

◆地震・災害リスクの回避方法③　物件所在地の分散によるリスク回避

この方法が究極の回避方法となります。いくら耐震構造がすぐれていて、さらに保険に加入していても、やはり災害リスクを完全に避けることはできません。

そこで、複数棟の物件を地域を分散させて保有するのです。例えば関東、中部、近畿と分散させることによって、日本沈没が起こらない限り、災害によって破綻は

物件の構造と保険料の変化

保険料	構造
安い	・鉄骨鉄筋コンクリート造 ・鉄筋コンクリート造 ・耐火被覆鉄骨造＆外壁が不燃材料
	・鉄骨造 ・木造＆外壁が不燃材料（一部）
	・木造＆外壁が不燃材料または準不燃材料外壁（一部）
高い	・外壁が合成樹脂（プラスチック）板張、木板張、布張 ※耐火被覆鉄骨造、木造で使用されるケースあり

損害保険とその概要

火災	加入は必須
地震	一棟目は加入すべき 二棟目以降は地域分散を考慮しながら加入するかどうかを個別判断
水害	川、池の近くで過去に水害があった、または豪雨で建物への浸水が過去にあった場合は、加入すべき

しないというリスクヘッジです。

ただし、せっかく所在地を分散させていても、ある地域に物件価格が偏りすぎると危険なので、購入する物件価格にも気を付けましょう。

③金利上昇リスク

不動産投資は、銀行からの借り入れを家賃収入から返済することを前提にしていますので、単純にキャッシュフローを考えると、次のような計算式になります。

キャッシュフロー＝家賃収入―経費―銀行返済

家賃収入と経費は経営努力によってコントロール可能ですが、銀行返済は金利に左右されます。そこで、この金利上昇リスクに対処する必要があります。

◆金利上昇リスクの回避方法①　事前シミュレーション

金利は、表計算ソフトの代表といえる「Ｅｘｃｅｌ」の関数がわかっていれば、次のような計算式を使うことによって、簡単に計算が可能です。

月当たり銀行返済額＝PMT（金利÷12，返済回数，物件価格）

この計算方法がわかれば、金利を変数として考えた場合、いくらまでの金利上昇に対してその物件の耐力があるかを事前に予測することが可能となります。

◆金利上昇リスクの回避方法②　繰り上げ返済

金利上昇は、銀行返済額に影響を与えます。金利は借入金に対して掛かるので、繰り上げ返済をすることによって銀行返済額を減らして金利上昇耐力を上げる方法があります。その繰り上げ返済の考え方には2点あります。

①定期的に繰り上げ返済を行う
②金利がある一定レベルを超えれば、繰り上げ返済を行う

◆金利上昇リスクの回避方法③　長期固定金利での借り入れ

可能な限りの長期で金利を固定することにより、経済状況が変化してもリスクを

金利上昇に対する物件の耐力

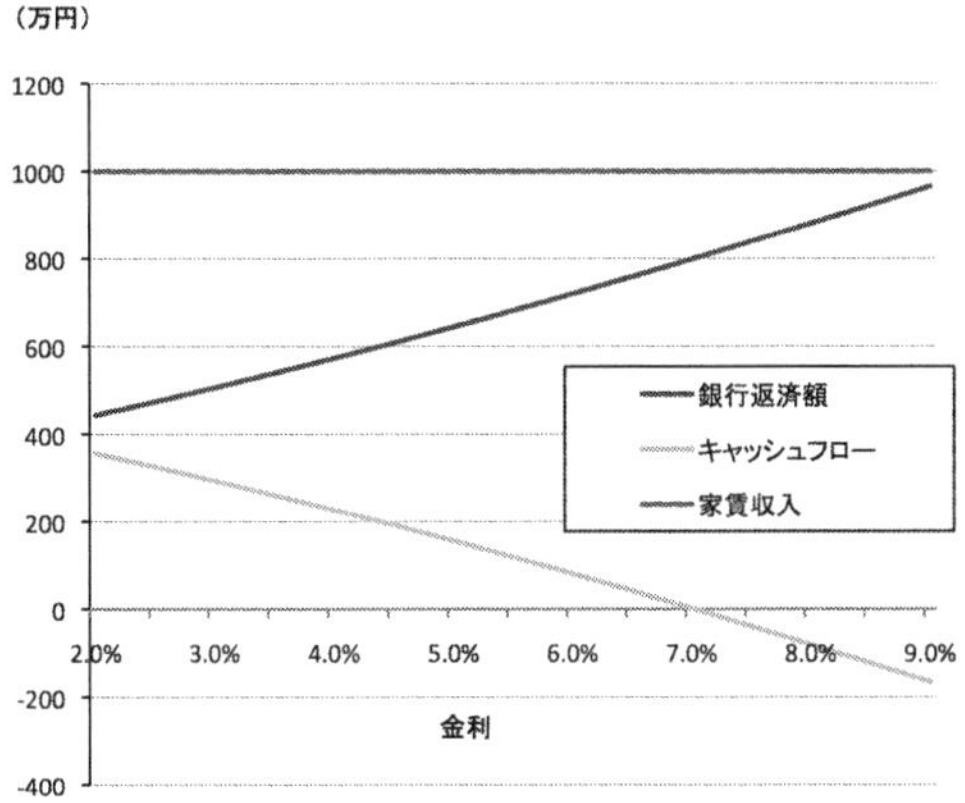

例）物件価格１億円、融資期間30年、年収1,000万円、経費率20%の場合

排除しようという考え方で、もっとも一般的に考えられている方法です。

特に住宅ローンで長期固定金利を組まれている方は、違和感なく受け入れられるでしょう。

しかし、一般的に長期固定金利は変動金利よりも１～２％高くなっており、将来起こるかどうかわからないリスクに対してお金を支払っていることを理解する必要があります。

また、金融機関によっては、変動金利から固定金利へいつでも変更可能なところもあります。

繰り上げ返済のシミュレーション

【条件】
・銀行借入：1億円
・借入金利：2.5%
・融資期間：30年
・満室時の収入：1000万円
・空室を見込んだ年間家賃収入：850万円
・経費：200万円
・5年ごとに500万円の繰り上げ返済を行う

この条件で金利上昇耐力のシミュレーションを行った結果（税金、繰り上げ返済によるペナルティーは考慮していません）。

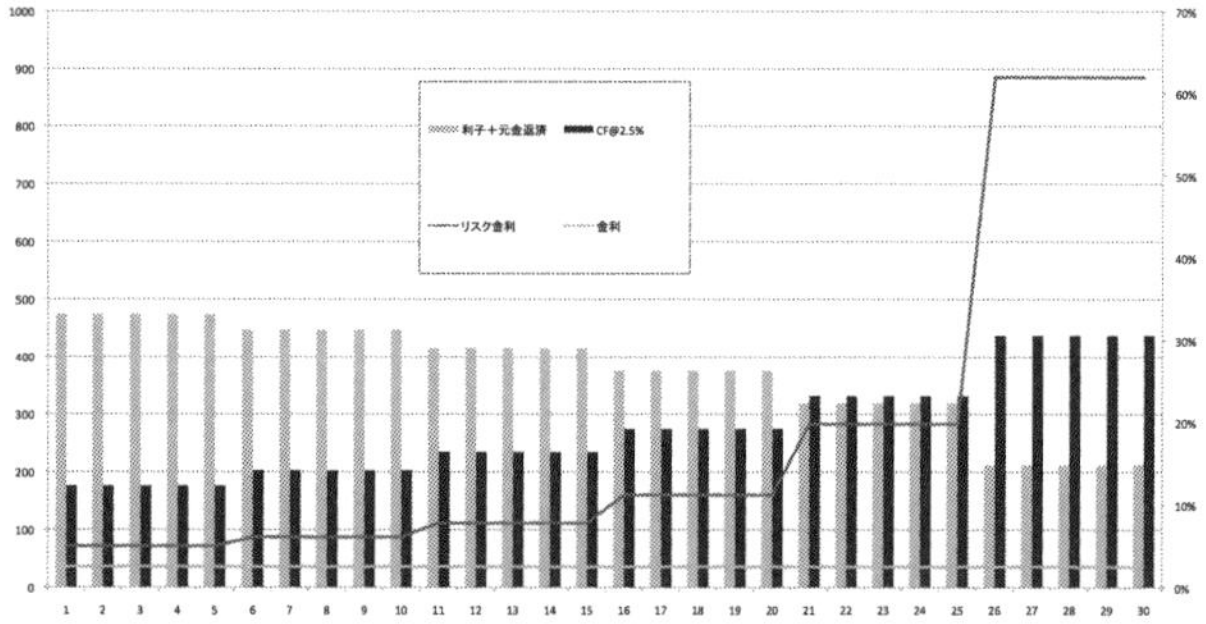

この結果からもわかるように、金利耐力は格段とあがります。

また、5年ごとに500万円の繰り上げ金は、物件から得られるキャッシュフローによって賄うことも可能です。

	リスク金利	年間キャッシュフロー
1～5年	5.0%	175万円/年
6～10年	6.1%	202万円/年
11～15年	7.8%	234万円/年
16～20年	11.2%	274万円/年
21～25年	19.8%	331万円/年
26～30年	62.0%	437万円/年

■今田信宏の不動産投資成功コラム

不動産投資の良いところはリスクを可視化、数値化でき、マネジメント可能なところまで落としこめることだ。

特に不動産投資で破綻する最大要因は「空室リスク」。

様々な破綻物件を見てきたが、満室で破綻している例はほとんどない。

多くは「空室率増大↓返済が苦しい↓原状回復リフォームができない↓空室率が更に上昇」という、お決まりのパターンで破綻に至る。

珍しいケースでは、法人の一括貸しや、サブリースなどの全解約。この場合、絶好調だったのがわずか数カ月で破綻に至るケースもある。

これも原因全てが投資家自身のリスク管理ができていないということに尽きる。

法人への一括貸しなどは、最悪その法人が倒産した場合、全解約となることは、誰でも判断できることだ。

ちなみにこういった全空物件は融資を受けること自体が困難なため、余裕のある投資家が破格の価格で購入していくことになる。

LESSON 2

不動産の売買と必要費用を学ぶ

不動産売買の流れを理解しよう

まずは不動産売買の流れを理解しましょう。

交渉相手は大きく2つに分かれます。物件確保から売買取引を行う「売主」と、資金調達を行う「銀行」です。

物件確保から売買取引（売主相手）の流れを把握する

売主との交渉は、仲介会社を通じて行います。売買契約、決済の場所、日程についても、仲介会社がお互いにスケジュールを聞いて調整することになります。

売主と顔を合わせるのは、売買契約時と決済時のみが一般的です。

また、売買対象の物件に抵当権がついている場合は、抵当権の抹消ができることを確認しましょう。

不動産の売買の流れ

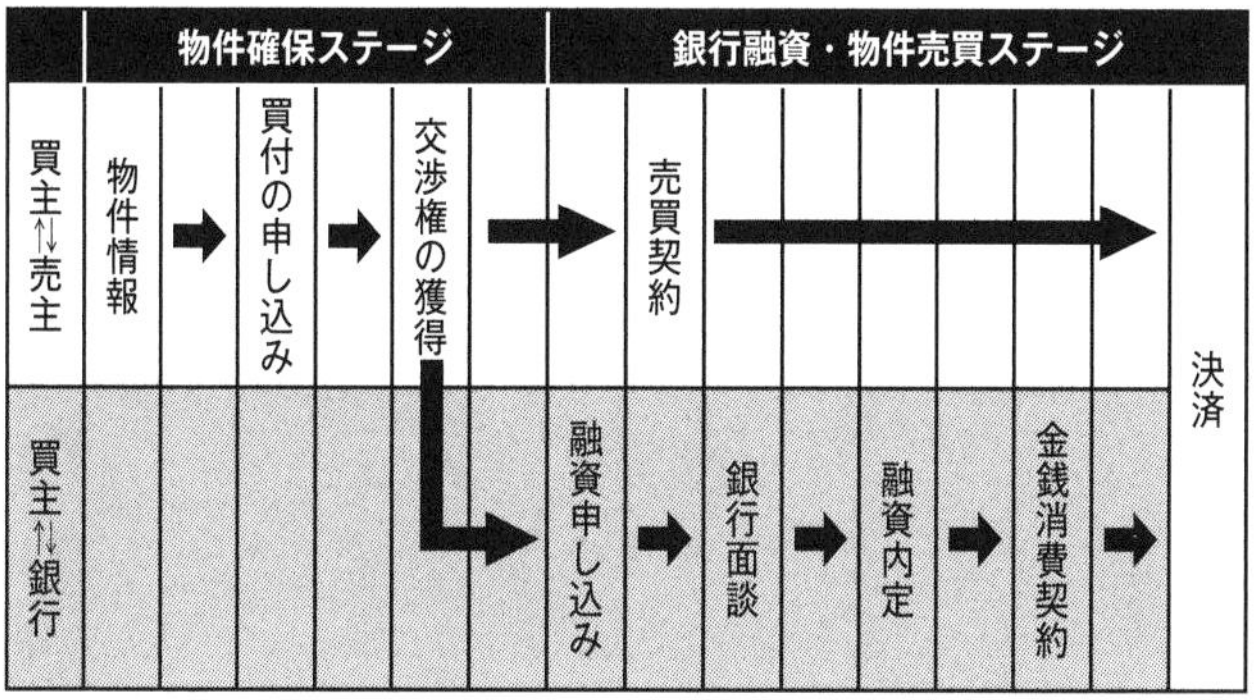

せっかく融資が付いたのに抹消ができず、売買が流れるケースもあります。

資金調達（銀行相手）を知る

資金調達には銀行の融資を利用します。銀行融資の審査には、約1カ月の期間が必要となります。

融資を受ける際には、銀行からは物件に関する資料をいろいろと請求されるので、これらの資料は仲介会社に依頼して、売主から提出してもらいます。

物件情報を入手するための基礎知識

不動産取引には、宅建免許を持った「仲介業者」が取引に入る必要があります。情報サイトには、数社の仲介会社が同じ物件を登録しているケースがしばしば見受けられます。この場合、どの業者から物件情報を入手するかによって、購入の有利、不利が決まるケースがあります。ですから、取引形態を理解することは、物件の購入にとって非常に重要なことなのです。

不動産売買に関係する人たちの関係を理解する

物件情報を出しているのは、大きく分けて次の4者となります。

・売主……物件の所有者です。通常、売主として物件を販売するためには、宅建業者である必要があります。

・専属専任媒介……専属専任媒介契約は、売主は仲介を依頼した仲介業者が見つけた相手方としか売買契約できません。他の仲介業者に売買を依頼することができないだけでなく、自分で取引相手を見つけて契約することも制限されます。契約の有効期間は3か月以内となります。

・専任媒介……専属専任媒介との違いは、依頼者は自分で発見した相手とは売買、または交換の契約を

専属専任媒介と専任媒介の関係

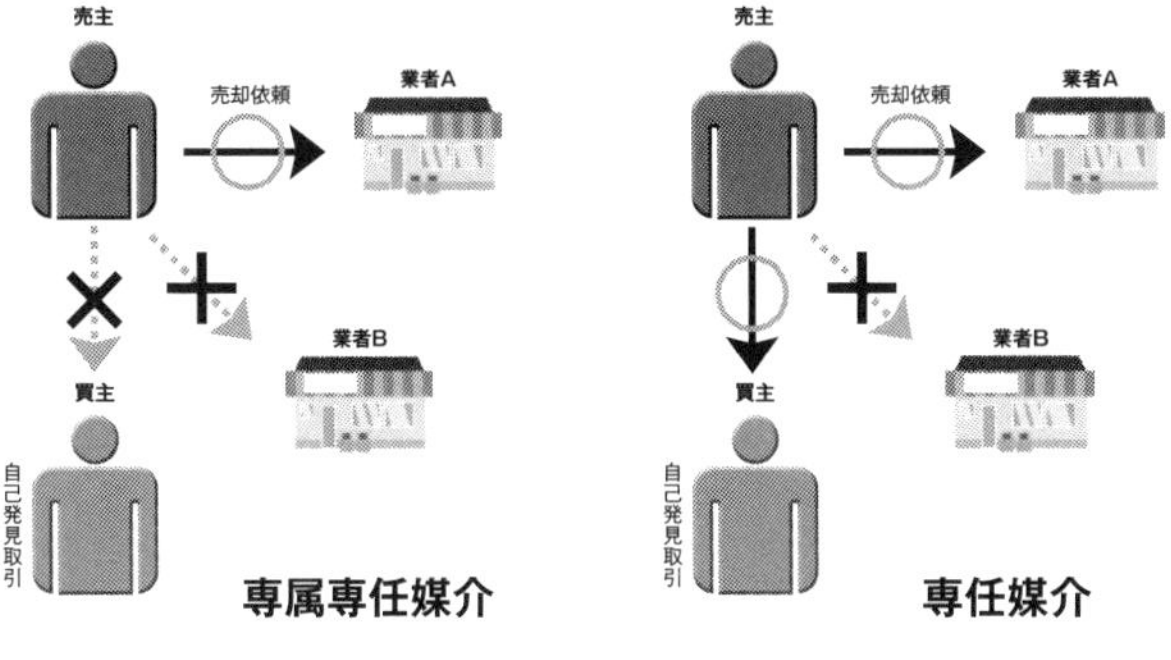

LESSON **2** 不動産の売買と必要費用を学ぶ

することができることです。

・一般媒介……一般媒介契約の場合は、特定の業者に限らず、複数の業者に取引の仲介を頼むことができます。

物件を確保するには、「売主∨専属専任売価∨専任媒介∨一般媒介」の順番で強くなります。特に売主物件の場合には仲介手数料が不要となり、資金的にもメリットが大きくなります。

ただし、契約書関連は宅建業者である売主が作成するので、こちらが不利にならないように、内容を吟味する必要があります。できれば、お金を払ってでも知り合いの不動産業者に相談するのがよいでしょう。

一般媒介の関係

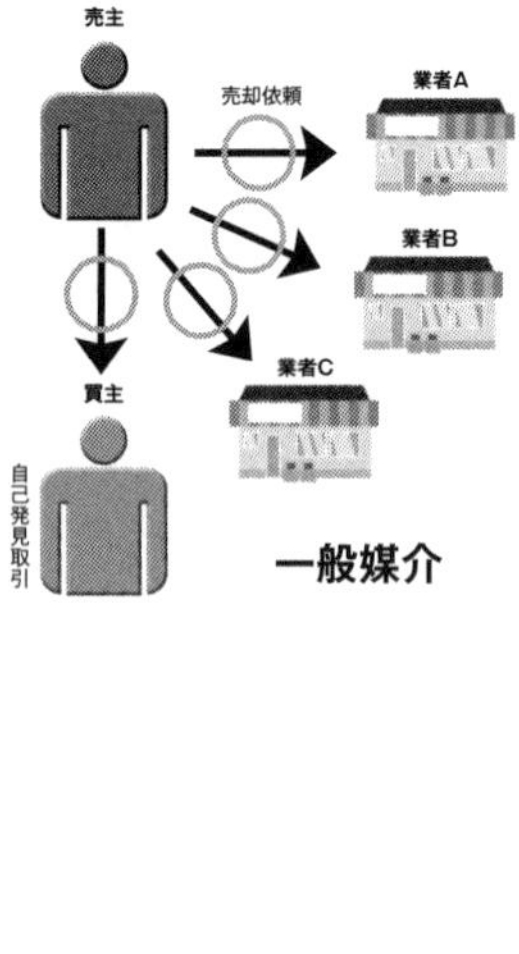

情報媒介について理解する

不動産業界でも、現在はインターネットが中心となっています。過去は収益物件の情報も住宅と同様、「新聞広告・チラシ」が主体でしたが、今は情報サイトへの掲載が主体となっています。しかしながら、不動産業界は組織化がされていなく、数社の大手と無数の「町の不動産屋」で構成されています。そのため、特に昔ながらの町の不動産屋では、メールを使いこなせない業者が多くいます。

情報サイトで物件資料を請求しても、ＦＡＸや郵送で送られてくるケースが多々あります。不動産投資を行うには、家庭に「パソコン（インターネット）」だけでなく、「ＦＡＸ」も必需品となります。

物件情報を取り寄せる場合は、次の２つは必ず取り寄せるようにしましょう。

・物件概要書
・レントロール（家賃一覧表）

買付書の役割と重要ポイント

「買付申込書」とは、不動産購入の意思がある旨を、売主または仲介業者に対して表明する書面です。あくまでも買主の一方的な意思の表明であり、売買契約を結ぶかどうかは、売主が判断します。すなわち、買付申込書には法的拘束力がなく、また買付申込書を入れたとしても物件を購入できるとは限りません。

物件価格

買付申込書には、買主が希望する「物件価格」を記載します。

物件概要書には売主希望額が記載されていますが、買付申込書の価格は買主の希望購入価格を記入します。

物件価格の申し込みには、３つの方法があります。

買付申込書の実例

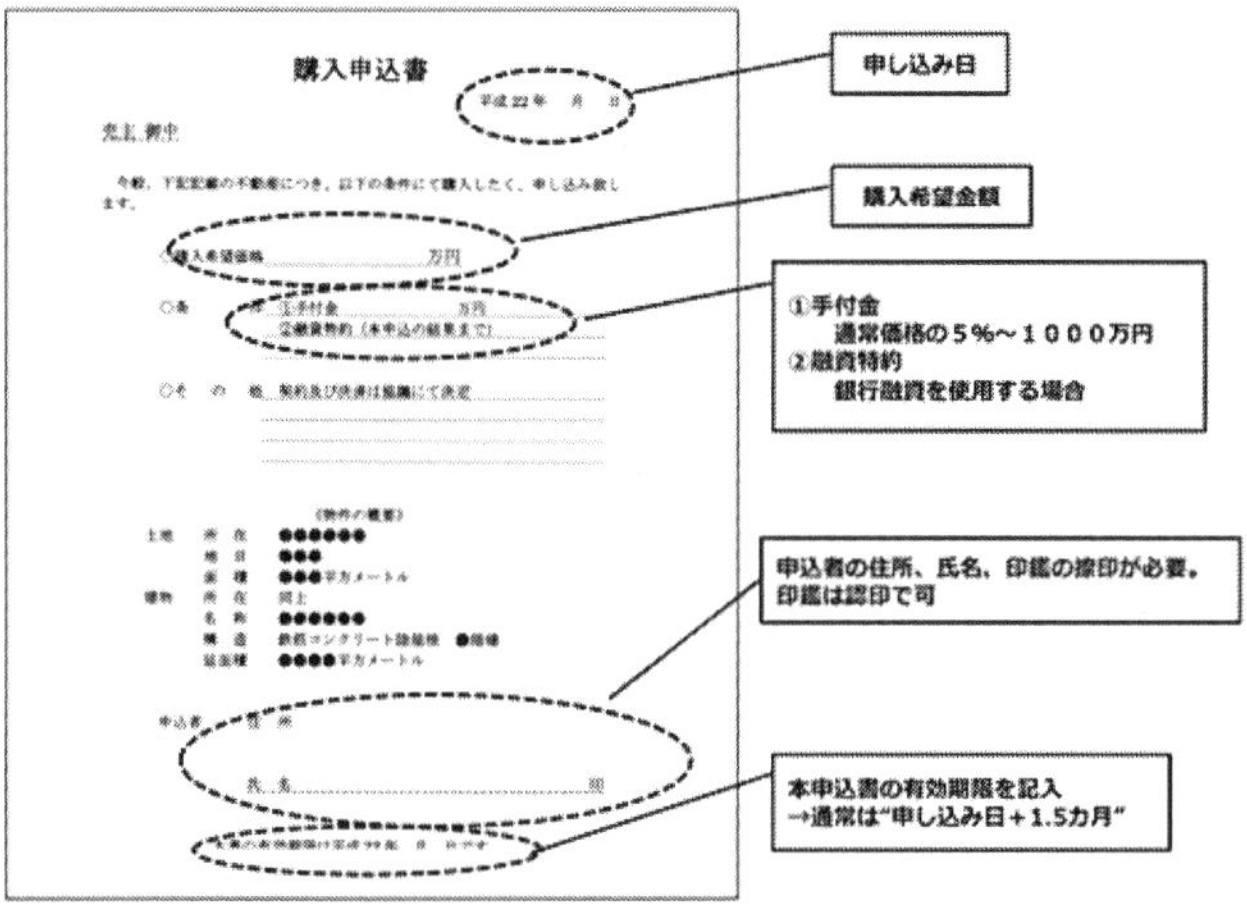

◆①売主希望価格

物件概要書に記載されている金額で申し込むこと

◆②指値

物件概要書に記載されている金額より安い金額で申し込むこと。俗に言う「値引き交渉」です。指値を出す場合には、必ず事前に仲介業者と相談してください。無茶な指値を行うと、仲介業者に相手にされず、売主まで話が届きません。一般的に失礼にならない指値は10～15％といわれています。

◆③買い上がり

物件概要書に記載されている金額より高い金額で申し込むこと。人気物件で売主に複数の買付申込書が入った場合は、基本的には先着順となりますが、実際は「金額の高い申込者」が交渉権を獲得するケースが多くなります。そのような場合に、「買い上がり」が非常に有効な手段になります。また、売主によっては、後から入った買付金額が高値の場合、先着の買付者に買い上がりの意思を確認してくる場合があります。

▽「融資特約あり」を記載する

不動産投資のメリットは、銀行融資を受けることによって、レバレッジを大きく効かせられることです。また、現金をたくさん持っている資産家でない限りは、個人での現金買いは現実的な話ではありません。

そこで銀行融資を利用するわけですが、その場合は、必ず買付証明書の条件に「融資(ローン)特約あり」を付ける必要があります。

この条件を付けずに売買契約まで進み、最終的に銀行融資がＮＧとなって購入ができなければ、ペナルティーとして手付金を取られてしまう（手付け金が返還されない）か、または売買契約書の条件によっては、売買価格の10～20％分の違約金を支払わなければなりません。

そして売主は、「融資特約あり」の申込者よりも「融資特約なし」の申込者を優先します。これは当然ながら、売主は確実に買える客を好むからです。

だからといって「融資特約なし」の買主に交渉権を取られても、まだ終わりではありません。「融資特約なし」の申込者は、次のような理由で交渉が決裂する確率が結構高いのです。

・現金で買いの場合、きつい指値が入っているケースが多い
・実は並行して銀行融資を進めている

最近多いのは、ファンド関連の物件です。ファンド関連の物件は「融資特約なし」を買付申込書に記載することが条件となっているケースが多く、これらの物件を購

入するためには、事前に銀行からの融資内諾を取っておく必要があります。
ただし、銀行は十分に確保できていない物件に対しての融資審査は消極的になります。

手付金

手付金は、売買契約時に買主から売主へ支払われます。金額は、およその目安として売買価格の5％です。

また、手付金の最大額は、1000万円となるケースが多いです。1000万円を超える場合は保全処置が必要となり、不動産会社にとって非常に面倒だからです。

買付申込書の書式

買付申込書に特定の書式はなく、各不動産会社によって異なります。また申込者がオリジナルの買付申込書を作成し、使用することも可能です。

売買契約書・重要事項説明書の役割と重要ポイント

売買契約書を取り交わすことによって、正式に物件売買が成立します。よって、売買契約締結後は、そこに記載されている契約内容によってのみ、解約が可能となります。

売買契約の事前準備

契約関連書類の事前チェックは、必ず行ってください。売買契約の数日前には草案を送ってもらい、「売買契約書・重要事項説明書」の内容は一通り目を通すようにしましょう。

とはいっても、宅建業者でない普通の人が内容をチェックするのは困難ですので、次の項目だけは必ずチェックするようにしましょう。

・物件価格……価格に間違いがないか。土地価格と建物価格は合意済みの価格か。
・土地情報……公募面積、接道、用途地域などが情報通りか。その他、聞いていない規制がないか。
・建物情報……建延面積、建築構造、建築年月日などが情報通りか。
・融資特約……融資金額、融資期間、金利、融資先銀行が希望する通りに記述されているか。

▽売買契約の参加者

売買契約は、不動産会社の事務所で行われます。参加するのは、次の4者が一般的です。

・買主（本人）
・買主側仲介会社（不動産会社）
・売主側仲介会社（不動産会社）

・売主

ただし、本人がやむをえず出席できない場合、本人の委任状と印鑑証明書があれば、委任された代理人によって売買契約が可能です。

そうはいっても、不動産取引は金額がたいへん大きな取引なので、必ず本人が出席するようにしましょう。

また、連帯保証人は売買契約時に出席する必要はありません。

売買契約時に持参するもの

売買契約の当日に必要なものは、以下の通りです。

・認印（実印を求められるケースもあります）
・売買契約書貼付印紙
・手付金

・仲介手数料（半金）

手付金の支払い方法は「現金」、「預金小切手（または銀行振出小切手ともいう）」、「事前振込」の3種類があります。

現金は持ち運びが危険だし、事前振込は持ち逃げされる可能性がゼロではないので、「預金小切手」が比較的安全といえます。この預金小切手は、銀行の窓口で発行してもらえます。

その際に注意すべき点は2つです。ひとつは売買契約時に現金と同等と見なすために、「非線引き」にする必要があることです。

もうひとつは、「非線引き」の場合は、万が一に預金小切手を落としてしまったら、拾った他人が現金化できてしまうことです。くれぐれも、保管には気を付けてください。

また、現金で支払う場合には、前日に引き出しをする銀行の支店に、引き出し金額を連絡しておいてください。銀行とはいえ、支店の場合には、それだけの現金を置いていないケースがあります。

売買契約の手順

一般的に売買契約の手順は以下の通りです。

①本日の説明者が宅建取引主任者である旨を証明するために、宅建免許を提示する。
②重要事項説明書の内容説明を受ける。
③売買契約書の読み合わせを行う。
↓わからないこと、疑問点は前日までに解決しておきましょう。
④内容に問題が無ければ、売主、買主、双方の仲介会社が署名、捺印をする。
⑤手付金を売主に支払う。
⑥仲介手数料の半金を買側仲介会社に支払う。
⑦売主と買側仲介会社から領収書を受け取る。

以上で契約の手続きは完了となります。

必要な時間は、トラブルがなければ約1時間ほどで終わります。

また、仲介会社から買主に対しても、媒介契約の締結を求められるケースもあります。媒介契約を結べば、その業者を通じて売買することが義務付けられるので、今回の取引に特化した媒介契約であるかの確認をしてください。

■今田信宏の不動産投資成功コラム

時々物件の確保を最重視するあまり、ローン特約をリスクと捉えチャレンジする人がいる。ローン特約無しで買付を入れ、売買契約まで結んでしまうのだ！

よほど融資に自信があっても、ローン特約なしで契約して万が一融資がNGとなった場合、手付金没収もしくは、契約違約金の支払いはやむを得なくなる。

それなら手付金ゼロで契約して、違約金を踏み倒せばよいという人までいる。確かにこの成功事例も聞くが、一方で訴訟をおこされキチンと回収されるケースが圧倒的に多いのも事実。

融資に絶対はない。ローン特約を外すのは自殺行為である。

土地価格と建物価格の按分方法

物件価格は、実は次の2つの価格から構成されています。

・土地価格
・建物価格（消費税込）

この土地価格と建物価格の按分は、自由に決められるものではありません。一般的には2つの按分方法があります。

①公課証明書の土地評価額と建物評価額による按分
②路線価により土地価格を決めて、残りを建物価格とする

土地価格と建物価格の按分

例)

・物件価格	10000万円(消費税込)
・土地評価額	2000万円
・建物評価額	4000万円
・路線価	15万円/㎡
・土地面積	250㎡

①公課証明書の土地評価額と建物評価額による按分

土地価格	1億円/(2,000万円+4,000万円×1.05)×2,000万円=3,225万円
建物価格	1億円/(2000万円+4000万円×1.05)×4,000万円=6,452万円
建物消費税	6,452万円×5%=323万円

②路線価により土地価格を決めて、残りを建物価格とする

土地価格	15万円×250㎡=3,750万円
建物価格	(10000万円−3750万円)/1.05=5,952万円
建物消費税	5,952万円×5%=298万円

複数棟を所有している場合に、物件によって①と2②の方法を使い分けている場合は、税務署に修正を指摘される可能性が高くなります。

実は、建物は「減価償却資産」となります。よく知られている減価償却資産の代表例が車です。税務上、減価償却資産は経年により価値が減少すると見なされます。

減価償却は経費に計上できるので、その金額を控除

できるメリットがあります。

よって、買主にとっては建物価格が高額な方がメリットがあります。

しかし一方、売主が課税業者の場合は、建物の消費税を国に支払う必要がありま す。そのため、消費税を抑えるために建物価格を低くすることを契約の条件とするケースがあります。

この場合、公課証明書の評価額で按分したほうが、減価償却を多く取ることができて有利になるといえます。

計算の際には、建物価格には消費税が掛かることを忘れないでください。

LESSON 2 不動産の売買と必要費用を学ぶ

手付金の役割と重要ポイント

手付金の金額は、目安として売買価格の5%〜1000万円となります。購入者にとっては代金の一部を先に支払うという意識が強いですが、法律では「解約手付」の意味があることが重要なポイントです。解約手付とは、手付金を利用して、相手の意思に関係なく、売買契約の解除権を売主と買主の双方が持つことです。

・売主が契約解除した場合→買主へ倍返し（手付金＋手付金と同額）
・買主が契約解除した場合→手付金の放棄

そのため、どうしても購入したい物件の場合は、手付金を高額にして物件を確保する方法があります。また、売買契約後に次のような理由での契約破棄を防ぐことが可能となります。

・売買契約後に高値の買付申込書が入ってきたので契約を破棄する
・資金調達ができたので、売り止めとする

手付金はケチるのではなく、物件の購入をより確実なものにするために、戦略的に用いるのが賢い方法です。実際に、手付金を１０００万円入れる条件によって、買付順番は後位であったが、交渉権を獲得できたケースもあります。

■今田信宏の不動産投資成功コラム

私にも経験あり！　一番手競争をしていた物件を、手付500万円で買付ていた。融資も堅いことを伝えていたが、どうしても順位を逆転できない。

そこから相手方からの提案が、「手付金２０００万円、保全処置無し」。この条件を飲むなら、1番手にするとの回答。

条件を飲まずに2番手のまま1番手が崩れるのを待ったが……結果はダメだった。

銀行融資を申し込む正しいタイミング

銀行へ融資を申し込むタイミングは、交渉権を獲得した時点がベストです。
このタイミングを間違うと、次のような問題が発生するので気を付けましょう。

▽交渉権獲得前に申し込んだ場合

・銀行の融資がＯＫとなり、最終的に交渉権が獲得できないと、次回の融資をしてもらえないリスクがあります。
↓銀行は、融資審査に多くの労力を費やし、また審査ＯＫとなった案件は月次予算に組み込まれます。せっかく審査を行っても、物件を確保できない人に対して銀行は厳しい態度を取らざるをえなくなります。

・融資金額が一旦確定すると、上乗せは不可能なので、物件価格が上がった場合に買い上がりの対応ができません。
↓銀行で融資金額が一旦確定すると、その後の上乗せはできません。融資金額が確定するタイミングは支店内での承認がおり、本部（審査部）にあがるタイミングになります。

　反対に、物件価格が下がった場合は、それに応じて融資金額が減額されます。

▼交渉権獲得後に直ぐに申し込まない場合

・融資の結果が出るのが、売買契約書に記載した融資特約期限に間に合わない可能性があります。
↓銀行の融資審査の期間は、銀行により異なりますが、1カ月が目安となります。また第一候補である銀行からの融資がNGの場合には、すぐに他の銀行に融資を持ち込まなければいけないので、時間的に余裕を持つ必要もあります。

意外と誰も知らない正確な諸経費の計算方法

物件を購入するには、物件以外にさまざまな諸費用が必要となります。一般的に諸費用は物件価格の7～10％といわれています。そしてシングル向けの物件よりも、ファミリー向けの物件のほうが、諸費用は高くなる傾向があります。

なお、諸費用は92ページの図表のように、事前に正確な金額が計算できます。購入に動く際には、あらかじめ諸費用の詳細を計算して、必ず資金繰りを考えておくようにしてください。

仲介手数料

仲介会社の媒介などで不動産の取り引きをしたときに、業者に支払う報酬のことです。仲介手数料は宅建業法の上限値で行われるケースがほとんどとなります。

物件価格（建物消費税除く）×3％＋6万円＋消費税【物件価格4000万円以上】

▽売買契約書の印紙代

売買契約書には、物件価格に応じて定められた金額の「収入印紙」を文書に貼り付け、これに消印をして印紙税を納付します。

収入印紙は、郵便局や法務局（登記所）で購入することができます。

現在は軽減措置の対象となっており、「不動産の譲渡に関する契約書」に係る印紙税は92ページの表のとおりとなります。

◆収入印紙を貼らなかった場合

収入印紙を貼っていない、または金額が不足していることが税務調査などで判明した場合は、過怠税が課せられます。

過怠税は、「本来の印紙税額＋その2倍に相当する金額」となるので、結果的に本来の3倍の税金を支払わなくてはいけません。

諸費用の一覧

ステージ	支出		収入
	項目	備考	
売買契約時	仲介手数料（半金）		
	売買契約書　印紙		
	（中間金）		
金銭消費契約時	契約書　印紙		
決済時	固定資産税・都市計画税		
	司法書士手数料		
	登録免許税		
	融資手数料		
	仲介手数料（残金）		
	火災保険		
			敷金返還金
			決済月の家賃
物件購入後	不動産取得税	3～6ヶ月後	

「不動産の譲渡に関する契約書」に係る印紙税（2010年8月現在）

契約金額	本則税率	軽減税率
1千万円を超え5千万円以下のもの	2万円	1万5千円
5千万円を超え1億円以下のもの	6万円	4万5千円
1億円を超え5億円以下のもの	10万円	8万円
5億円を超え10億円以下のもの	20万円	18万円
10億円を超え50億円以下のもの	40万円	36万円
50億円を超えるもの	60万円	54万円

ただし、自己申告した場合は、「本来の印紙税額＋その10％に相当する金額」の過怠税となります。

また、貼付した収入印紙を正しく消印しなかった場合は、その収入印紙と同額の過怠税が課税されるので気を付けてください。

司法書士手数料

登記のために司法書士に支払う手数料です。

司法書士は、物件所在地の法務局で、次の登記を行ってくれます。

・所有権の移転の登記
・抵当権の設定登記

これらの登記に関する手数料の相場は「15万円」となります。

領収書の印紙代

売主からの受領金に対しての領収書には、「印紙」が必要です。ただし、個人で購入の場合には、印紙は必要ありません。

一般的には次の受領金に対して領収書を発行します。

・敷金返還金
・家賃清算金

受領金額に対しての印紙代は次の表のようになります。

印紙代（2010年8月現在）

受領金額	収入印紙
3万円を超え100万円以下	200円
100万円を超え200万円以下	400円
200万円を超え300万円以下	600円
300万円を超え500万円以下	1,000円
500万円を超え1,000万円以下	2,000円
1,000万円を超え2,000万円以下	4,000円
2,000万円を超え3,000万円以下	6,000円
3,000万円を超え5,000万円以下	10,000円
5,000万円を超え1億円以下	20,000円

固定資産税・都市計画税

固定資産税と都市計画税を合わせて「固都税」と呼ばれます。固都税は売主と買主で引渡日を基準日にして、所有日数に応じた年税額の按分を行います。

固都税は1月1日の所有者に納付書が届くので、売主が全額を支払って、引渡（決済）時に買主が売主に按分額を支払います。

固定資産税および都市計画税は次のように計算できます。

固定資産税の算出方法
　建物……建物固定資産税課税標準額×1・4%
　土地……土地固定資産税課税標準額×1・4%
都市計画税の算出方法
　建物……建物都市計画税課税標準額×0・3%
　土地……土地都市計画税課税標準額×0・3%

起算日による按分額（買主→売主）の違い

・固都税120万円
・決算　月の末日
・日数／月　　簡易的に各月30日

起算日	1月末日	2月末日	3月末日	4月末日	5月末日	6月末日
1月1日	110万	100万	90万	80万	70万	60万
4月1日	20万	10万	0万	110万	100万	90万

起算日	7月末日	8月末日	9月末日	10月末日	11月末日	12月末日
1月1日	50万	40万	30万	20万	10万	0万
4月1日	80万	70万	60万	50万	40万	30万

◆起算日について

固都税の按分を行う「起算日」には次の2通りがあります。

①1月1日　起算日
②4月1日　起算日

当然ながらこの起算日によって按分金額は変わります。

通常は1月1日起算日ですが、関西の取引では4月1日を起算日とすることが多いです。

この起算日についても売買契約書で決定します。

▽不動産取得税

不動産取得税は不動産を取得した人に課される税金であって、市町村が毎年課税する固定資産税と違って、不動産を取得した時に一度だけ納める都道府県税です。

　不動産の移転事実に着目して課されるため、1日でも所有権を有したら課税の対象となります。

　納税については、都道府県から送付される納税通知書によって納めますが、納税通知書が届くのは、所有権が移転してから3〜6月後となります。

不動産取得税の軽減措置

【原則】
建物：建物 評価額×4%
土地：土地 評価額×4%

↓ 平成24年3月31日までに取得した場合

【軽減処置】
建物：建物 評価額×3%
土地：土地 (評価額÷2)×3%

LESSON 2 不動産の売買と必要費用を学ぶ

登録免許税

不動産の場合、登録免許税は登記に課せられる税金となります。決済後、司法書士は法務局に行って「所有権」と「抵当権」の登記を行います。登録免許税は登記したその場で支払うため、司法書士に現金で支払うのが一般的です。

・所有権の移転の登記
建物：建物評価額×2％　土地：土地評価額×1％（平成23年3月31日まで）
・抵当権の設定の登記
債権金額（融資金額）×0・4％

火災保険

多くの銀行は、融資条件として火災保険の契約を義務付けます。この場合、銀行は「質権設定」を行うケースが多くなります。質権設定とは、物件の損害保険を借入の担保とすることです。すなわち、保険が担保となると、火災などで保険金が支払われる場合に、その保険金は質権者である銀行が先に受け取る権利があります。

そのため、保険業者が決済の場に来て保険金を支払うことも珍しくありません。決済前に保険業者に連絡を取り、保険内容、保険金額を決めておく必要があります。

敷金返還金

売主が入居者から預かっている敷金返還金は、新たな所有者である買主が引き継ぐことになります。しかし、この敷金については、次の2つの引き継ぎ方法があります。

- 東京方式……決済時に敷金返還金を清算、すなわち売主から買主に支払います。
- 大阪方式……敷金返還金はすでに物件価格に反映しているので、決済時の精算は発生しません。

東京方式は物件価格と資金返還金を別に清算する考え方ですが、大阪方式の場合は、物件価格の中に敷金返還金が含まれていると考えます。

例えば、「物件価格：10000万円、敷金：300万円」であれば、東京方式は「物件価格：10000万円、敷金：300万円清算」となりますが、大阪方式は、「物件価格：9700万円、敷金返還金：清算なし」となります。

一般的には「東京方式」で行われますが、売主の住居地が近畿圏の場合は、「大阪方式」となるケースが多くなります。

家賃の精算

引渡日を基準にした所有日数に応じて、決済月の家賃を売主と買主で按分して、差額を売主からもらいます。

決済月の家賃は、既に入居者は売主に対して支払い済みです。そのため、買主はその月の所要日数分の家賃を売主から支払ってもらいます。

このことからもわかるように、家賃の精算金額は決済日によって変わります。決済日が月初めになるほど金額が大きくなり、月末に近づくにつれて減少します。

■今田信宏の不動産投資成功コラム

物件購入の諸費用を簡易的に試算するときは、おおよそ物件価格の7％で見ることが多い。内訳は3％が仲介手数料、2％が不動産取得税、登録免許税その他が2％である。ただし、仲介手数料以外は物件の評価額によって金額が変わる。最終的に購入を検討する際は、それぞれの詳細金額を把握しておく必要がある。物件によっては合計が物件価格の10％程度になるものもある。

支払うタイミングも重要だ。不動産取得税は数カ月後の支払いだが、それ以外は決済時に必要である。

意外と変動要因があるのが火災保険。多くの金融機関が火災保険に質権設定するが、その期間が単年でも許容するところもあれば、融資期間＋1年、などという長期のところもある。その場合、火災保険が100万円越えすることも珍しくない。

■今田信宏の不動産投資成功コラム

諸費用の中で唯一値段交渉ができるのが、仲介手数料となる。安くするところは、3%を2%などと交渉に応じてくれるケースもある。ただし、正直なところ交渉に応じる仲介業者さんは収益物件の扱いが少ないことの裏返しでもある。つまり良い物件＝良い情報を持っていないから安くしてでも物件を販売するのだ。

概して良い情報を持っている不動産屋さんは仲介手数料を情報料としてとらえているため値引きには応じないし、値引き交渉する客には次回から物件紹介をしなくなる。

私の場合、仲介手数料は一切値引き交渉をしない。満額支払うことを伝えている。それも多くの仲介業者さんが今田に最初に物件紹介をしたがる秘密の一つだ。

LESSON 3

物件の探し方を学ぶ

物件を知る基本は物件概要書

不動産会社に資料を請求すれば、「物件概要書」が送られてきます。物件概要書の書式は業者によって異なりますが、次のような項目が記載されています。

・物件名
・物件所在地：住所表示／登記表示（地番）
・物件価格
・土地概要：土地面積／地目／接道
・建物概要：物件用途／延床面積／建物構造／築年月
・法規制：都市計画法／用途地域／建ペイ率／容積率／その他
・収入：満室想定収入／現況収入

物件概要書の例

物 件 概 要 書

物件種別		一棟売り マンション	物件名称	[redacted]	
交通・最寄り駅		JR根岸線「[redacted]」徒歩14分			
価格		138,000,000円(税込)			
所在地	住居表示	鎌倉市[redacted]			
	登記表示				
土地面積	公簿面積	4[redacted] ㎡ （1[redacted] 坪）			
	実測面積	㎡ （ 坪）			
建物	間取	1R	構造	鉄筋コンクリート造陸屋根4階建	
	規模	1R×25戸 店舗×2戸	面積	[redacted] ㎡（2[redacted] 坪）	
	築年月	昭和62年[redacted]月	現況	賃貸中	
土地権利		所有権	地目	宅地	
都市計画		市街化区域	用途地域	第一種住居地域	
建蔽率		60%	容積率	200%	
他の法令上の制限					
地勢		平坦	引渡日	要相談	
設備		公営水道 都市ガス 本下水			
接道		北西 公道 4.5m～7m			
環境					

収益		住居	店舗		年間収入(現況)	13,646,100円
	戸数	25	2		年間収入(想定)	17,294,100円
	稼働率	68%	100%		表面利回り	12.53%

備考	共益費の詳細については確認中

※ご紹介後の条件変更・売却等につきましては悪しからずご了承下さい

[redacted]リアルエステート
〒541-0048 大阪府大阪市中央区[redacted]
TEL 06-[redacted]-[redacted] FAX 06-[redacted]-[redacted]

LESSON 3 物件の探し方を学ぶ

まずは物件を見極める力を付けよう！

世の中には、無数の物件情報が流れています。また、ひとたび物件を探しはじめると、不動産会社からもさまざまなタイプの物件を紹介される機会があります。その中で、自己責任で物件を見つけていかなくてはいけません。そこで、まずは物件の見極め方を身につけましょう。

「銀行目線」での見極め

ほとんどの人が、不動産投資をする際に銀行融資を使用します。

そのためには、銀行融資のカラクリを理解し、銀行の評価に合った物件を選定しなければいけません。銀行の評価に合わない物件を銀行に持ち込んでも、徒労に終わるだけです。

その銀行ですが、自行の評価目線に合った物件に対してのみ、融資審査に取り組みます。

銀行目線は大きくは次の3つとなります。詳細は後述しますが、銀行評価は数字で見ることが可能です。

・物件の所在地
・積算評価
・収益評価

「投資家目線」での見極め

不動産投資はあくまでも「投資」です。そして購入するだけでは意味がなく、物件から収益を上げることによってインカムゲインを狙う必要があります。

昨今では、土地の値上がりを期待してキャピタルゲインを狙う投資方法は難しく、バブル経済の破綻とともに、終焉を迎えたといってもよいでしょう。また、資産家が自分の資産を土地資産に変換することは、不動産投資というより資産の入れ替えといえるでしょう。

つまり、収益物件に対して、キャッシュフローの期待値の基準を設定することが重要となります。たとえ銀行融資に問題がない物件であっても、このキャッシュフローの基準値を満たさない物件は購入すべきではありません。

そのキャッシュフローの計算方法は、次のようになります。

年間キャッシュフロー＝家賃年収－経費－固都税額－銀行返済額

単純な式となりますが、家賃年収は年間空室率を考慮する必要があります。また、経費に関しても築年数によって異なりますが、家賃年収の15～20％を見ておくのがよいでしょう。

このように、キャッシュフローを自分で試算することによって、収益を数字で確認することが可能になります。この「見える化」が、キャッシュフローを目的とした不動産投資法では重要となります。

インターネットを起点に情報収集しよう！

インターネットの普及に伴い、ここ数年で不動産業界も様変わりしました。以前は新聞広告、チラシなどを広告媒介としていましたが、今ではインターネットを広告媒介として、多数の物件情報が掲載されています。

代表的な不動産情報サイトを登録しておこう

不動産情報のサイトは、大きく2つのタイプに分かれます。1つ目のタイプは、不動産業者が広告費を支払って掲載している情報サイトです。もうひとつのタイプは、各不動産会社が独自で運営しているサイトです。

次のページには、それぞれのタイプの代表的なサイトを紹介しておきます。

▽自分の投資法に合った条件で物件を検索する

どのサイトも物件を探しやすくするように、検索条件によって絞り込みを行えることができるようになっています。次ページに紹介する情報サイトは、購入のページを紹介しています。

情報サイトは購入専門となっていますが、不動産会社のサイトは「売却」と「購入」があるのが一般的となっています。

検索条件はサイトによって異なりますが、次の条件が基本となります。

・価格帯
・地域
・建築構造：木造／鉄骨造（S造）／鉄筋コンクリート造（RC造）／鉄骨鉄筋コンクリート造（SRC造）
・物件種別：一棟売りアパート／一棟売りマンション／一棟売りビル

それぞれのタイプの代表的なサイト

◆情報サイト

・アットホーム	http://www.athome.co.jp
・健美家	http://www.kenbiya.com
・不動産投資連合隊	http://www.rals.co.jp/invest
・楽待	http://www.rakumachi.jp
・HOME'S不動産投資	http://toushi.homes.co.jp

◆不動産会社のサイト

・ノムコム　プロ	http://www.nomu.com/pro
・東急リバブル	http://www.livable.co.jp/toushi
・すみしん不動産	http://www.sumishin-re.co.jp/toushi
・みずほ不動産販売	http://www.mizuho-sf.co.jp/toushi.html

HP　検索条件	物件種別	地域	建物構造	価格帯	利回り
アットホーム	○	○	不可	○	○
建美家	○	○	○	○	○
不動産連合隊	○	○	○	○	○
HOME'S	○	○	○	○	○
楽待	○	○	○	○	○

・利回り

すなわち、自分がどのような物件を購入したいのかを具体的に決めることは、物件購入の非常に重要なポイントとなり、このことが不動産投資の成功に結び付きます。

情報の入手ルートを構築する

サイトに登録されている物件で、よさそうに思える物件があれば、積極的に物件概要書を取り寄せます。

物件概要書を取り寄せるのは、当然ながら物件を購入するためなのですが、情報ルートを作るという目的もあります。情報入手ルートを構築して、いち早く優良物件を見極められる環境を整備しましょう。

情報入手ルート構築方法

第1ステップ

インターネットで物件概要書を請求

第2ステップ

不動産業者を教育する
・「買える客」であることをＰＲする
・対象物件を絞って伝える

第3ステップ

上記ステップを踏んで複数の不動産会社から物件情報を入手する

不動産業者を教育しよう！

情報の入手ルートを構築すれば、不動産業者から、直接、物件紹介を受けられるようになります。さらにその業者の中で、客としての優先順位を上げてもらうのがポイントとなります。

「買いたい客」ではなく、「買える客」になろう

不動産業者は、当然ながら「買える客」に対して、優先的に物件を紹介します。不動産業者は、「買える客」を次のようにランク付けしています。

1位　現金購入する客
2位　既に銀行融資枠を持っている客

3位　個人属性が高い客

この3位以内のランキングに入れば、不動産業者は優先的に物件を紹介してくれます。

いきなり1位の「現金購入する客」になるのはさすがに困難ですが、2位と3位になるには、不動産業者への自己PR次第で可能です。

欲しい物件の条件を明確に伝えよう

不動産業者は、売りたい物件をお客さんに紹介しようとします。すなわち、「買える客」になったとしても、不動産業者から紹介される物件は、不動産業者にとっていい物件であって、投資家にとっていい物件とは決していえません。そのため、不動産会社には購入対象となる物件の条件を絞って、次のように明確に伝えることが重要となります。

・建物構造：例）ＲＣ一棟物
・築年数：例）平成築が望ましい
・価格帯：例）５０００万円～１億５０００万円
・地域：例）関東圏、名古屋圏、近畿圏
・利回り：例）平成築の場合は、現況利回り10％以上。昭和築の場合は＋α

それでも、不動産業者は売りたい物件を紹介してきます。物件の紹介を受けた場合は、必ず、希望物件との違いを説明し、希望条件から外れた物件は購入しないと明確に伝えましょう。

何度も諦めずに希望条件を伝えると、不動産業者は希望条件に合った物件が出たときに、優先的に紹介してくれるようになります。

物件のチェックは毎日するのが基本

物件のチェックは、毎日するのが基本です。毎日チェックすることによって、次のようなメリットが生まれます。

慣れてくればチェックに必要な時間は1～2時間程度となりますので、さっそくはじめてください。

・検索条件を絞れば、1日あたりの新着物件数は十数件
　↓1～2時間程度あればチェック可能
・優良物件にいち早く気づける
　↓優良物件を購入できる可能性が高くなる

このように、毎日物件チェックを継続することで、物件を見極める力が身につき

1日の新着情報数（2010年2月現在）

検索条件	1日	3日以内	5日以内	7日以内	指定無し
アットホーム	12件	33件	−	46件	180件
健美家	4件	18件	31件	43件	423件
不動産連合隊	7件	8件	13件	13件	253件
HOME'S	9件	11件	−	18件	149件
楽待	4件	17件	33件	44件	344件
合計	36件	87件		164件	1339件

検索条件
・地域　　：東京
・価格　　：4000万円～
・物件種別：一棟マンション
　　　　　　一棟アパート
・利回り　：指定なし
・建物構造：RC／SRC

ます。物件チェックができない日は、「優良物件を逃がしたのでは？」と不安になれば、毎日のチェックを習慣化できているといえます。

LESSON 4

物件の見極め方と市場調査を学ぶ

物件の見極め方の基本を身につける

物件が投資プランに適しているかどうかを見極めることは、非常に重要です。不動産投資は大きなお金が動くので、ひとつの失敗が破綻につながる可能性もあります。そこで、事前にシミュレーションした投資プランにしたがい、その投資ロジックにあった物件を購入することが非常に重要です。

物件を見極めるための3ステップと2つの必須資料

まずは、物件概要書でふるいにかけて、物件見極めの時間効率をあげます。

①融資評価額 ＞ 物件価格
②キャッシュフローが投資目標に合っているか？

物件を見極めるための3ステップ

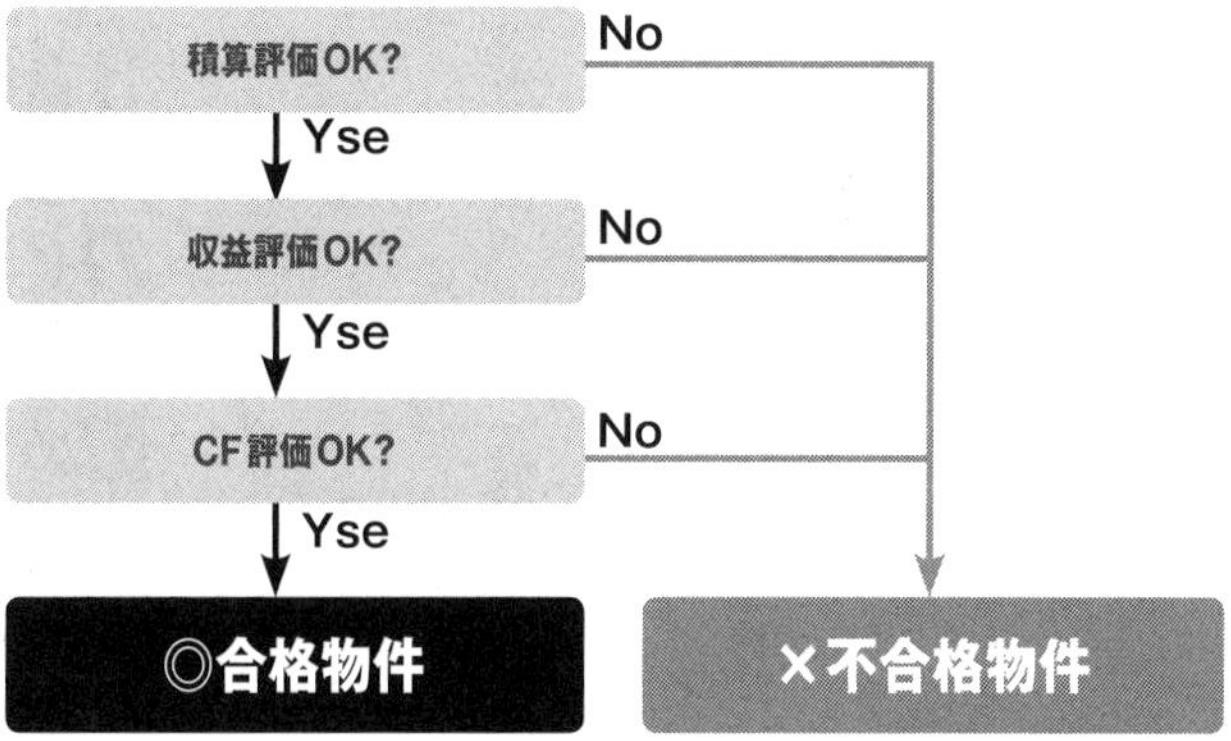

③融資する銀行があるか？

物件を数字で「見える化」するためには、次の2つの資料があれば可能です。資料が多いと時間がかかるので、この2つの資料で物件を見極め、スピードアップを図るのがポイントです。さらに「公課証明書」があれば、物件購入に要する諸費用が算出でき、より正確な検討ができます。

・物件概要書→銀行融資評価に使用、キャッシュフロー評価
・レントロール→銀行融資評価に使用、入居状況、経営概要の確認

融資の付かない物件の3つの特徴

いくら積算評価が高く、キャッシュフローの出る物件でも融資が付かない物件があります。このような物件に力を注いでも、時間を無駄にするだけです。インターネットのホームページに掲載されている情報だったり、または物件概要書の情報から、「融資の付かない物件」は切り捨ててしまう必要があります。

その「融資の付かない物件」は、次のような物件です。

①違法建築物件

代表例が「容積率オーバー物件」です。容積率とは、「建延面積 ÷ 土地面積」で算出される値です。

・違法物件に融資を出す銀行はほとんどない
・違法物件を所有していることは銀行にマイナスイメージを与える
↓特に物件を買い進めていく投資の成長ステージでは、違法物件の購入は避けるべきです。
・将来的に売却できない可能性もある

しかし、次のような場合は違法でないケースがありますので、チェックしてください。

①駐車場が建延面積に算入されている
②共用部が建延面積に算入されている
③建物が建ってから容積率が変わった(既存不適格)

ただし、①と②に関しては、銀行によって異なりますが、「建物図面から銀行が判断」または「一級建築士の証明書が必要」となります。

②再建築不可物件

再建築不可とは、今ある上物を取り壊すと、新しい建物を再び建てることができないものです。

・建築基準法に適合していない土地にある物件。幅４ｍ以上の道路に幅２ｍ以上の間口で接していないために、再建築が不可能
・市街化調整区域の「宅地以外」に多い
・地域の特別条例によって、再建築が不可能

③がら空き物件

銀行が審査時に使う入居率の目安は、次のようになります。

・85％以上で青信号
・85％未満は黄色信号
・70％未満で赤信号

70％未満の入居率だと「がら空き物件」と判断されてしまい、「埋まらない（あるいは空室戸数が悪化する）物件」として、銀行は融資対象から外してしまいます。

■今田信宏の不動産投資成功コラム

がら空き物件は、まれに何がしか問題を抱えているために、満室経営が困難なケースがある。入居率の高い物件の方が安心できるという金融機関の目線は正しいといえるだろう。

ただ、入居率90％の物件に入居者をつけていくスキルと、入居率50％のそれとで要求されるスキルは基本的に同一であり、賃貸経営に必要とされる。

そこを勘違いしないでほしい。

レントロールの正しい見方

レントロールとは「貸借条件一覧表」のことで、賃借条件や賃借人の条件が記載されています。通常、1枚の用紙に各部屋番号ごとの契約賃料や共益費、預かり敷金の金額、契約年月日が記載されています。場合によっては賃借人の属性(法人、個人)や名前、性別が記載されていることもあります。

レントロールの数字を見極めよう!

レントロールでチェックすべき数字は、次の3つです。

①家賃バラツキの罠

入居年数の長い部屋の賃料が相場家賃よりかなり高くなっている、またはあまり

レントロールの見方（水道費、町費の罠）

[redacted] レントロール

階層	用途	賃借人	間取り	賃貸面積（㎡）	賃料（円）	共益費（円）	駐車料（円）	水道料（円）	町費（円）	月額賃料（円）	敷金（円）	リノベート 済
201	事務所	入居		55.88	80,000	6,000	0	5,000	500	91,500	160,000	○
202	事務所	入居		25.92	31,000	3,000	0	0	0	34,000	62,000	
203	事務所	入居		25.92	38,000	3,000	0	3,000	500	42,500	72,000	
205	事務所	入居		51.84	64,000	6,000	0	5,000	500	75,500	128,000	○
206	事務所	入居		64.12	71,000	6,000	12,000	5,000	500	94,500	142,000	○
301	居宅	入居	1K	29.96	47,000	3,000	0	3,000	500	53,500	94,000	○
302	居宅	入居	1K	25.92	35,000	3,000	0	3,000	500	41,500	70,000	
303	居宅	入居	1K	25.92	45,000	3,000	0	3,000	500	51,500	90,000	○
305	居宅	入居	1K	25.92	45,000	3,000	0	3,000	500	51,500	77,000	○
306	居宅	入居	1K	25.92	45,000	3,000	0	3,000	500	51,500	90,000	○
307	居宅	入居	1K	25.92	45,000	3,000	0	3,000	500	51,500	90,000	○
308	事務所	入居		64.12	65,000	3,000	12,000	5,000	500	85,500	130,000	○
401	居宅	入居	1K	29.96	38,000	3,000	0	3,000	500	44,500	76,000	
402	居宅	入居	1K	25.92	46,000	3,000	0	3,000	500	52,500	92,000	○
403	居宅	空室	1K	25.92	46,000	3,000	0	3,000	500	52,500	92,000	○
405	居宅	入居	1K	25.92	36,000	3,000	10,000	3,000	500	52,500	72,000	
406	居宅	入居	1K	25.92	46,000	3,000	0	3,000	500	52,500	92,000	○
407	居宅	入居	1K	25.92	46,000	3,000	0	3,000	500	52,500	92,000	○
408	居宅	入居	1K	22.50	30,000	3,000	10,000	3,000	500	46,500	60,000	
410	居宅	入居	1K	41.62	45,000	3,000	0	3,000	500	51,500	90,000	
1A	店舗	入居		49.84	120,000	10,600	21,000	0	500	152,000	1,400,000	○
1B	店舗	入居		60.61								○
1C	店舗	入居		32.76	49,000	3,000	12,000	0	500	64,500	98,000	○
合計				814.25	1,111,000	82,500	77,000	65,000	10,500	1,346,000	3,369,000	

現況賃料	満室賃料
1,346,000	1,346,000
現況年間賃料	満室年間賃料
16,152,000	16,152,000

水道料・町費が月間賃料に含まれている

にも相場家賃からかけ離れている場合には、相場家賃に置き換えて満室想定収入を計算しましょう。

②空室募集賃料の罠

空室募集賃料が相場家賃より高くなっているケースもあります。

③水道料、町費の罠

水道料、町費を入れて見かけの収入を増やしているケースもあります。

▼嘘だらけのレントロールを見極める

売却をしやすくするために、偽装入居をして入居率を上げている物件もあります。偽装入居はレントロールでは見つけられないので、現地で次の調査を行って、レントロールとの相違を確認する必要があります。

①電気メーターのチェック
↓電気メーターが回っていない部屋は空室の可能性大
②郵便ポストのチェック
↓郵便物がポストから溢れている、またはポストの口がテープで塞がれている場合は、空室の可能性大
③カーテンのチェック
↓カーテンの付いていない部屋は空室の可能性大

レントロールから要注意物件を読み取る！

物件の中には、レントロールの見た目の数字が非常にいいのに、リスクの高い物件があります。リスクの高い物件は避けるようにしましょう。リスクの高い物件とは、次のような物件です。

・サブリース物件……サブリースはいつでも全退去の可能性があります。

レントロールからわかる要注意物件の例

室番号	入居者名	賃料	共益費	契約期間		敷金	備考
101	[redacted]	40,000	—	21.3.28	23.3.27	—	
102	[redacted]	50,000	3,000	20.7.1	22.6.30	100,000	
103	[redacted]	43,000	—	21.4.3	23.4.2	—	
105	[redacted]	43,000	—	21.4.3	23.4.2	—	
106	[redacted]	43,000	—	21.4.3	23.4.2	—	
107	[redacted]	50,000	3,000	19.11.1	21.10.31	112,000	
108	[redacted]	45,000	—	21.5.10	23.5.9	42,000	
109	[redacted]	42,000	3,000	20.9.1	22.8.31	42,000	
201	[redacted]	47,000	3,000	20.2.19	22.2.18	94,000	
202	[redacted]	43,000	3,000	21.4.5	23.4.4	43,000	
203	[redacted]						内装リフォーム中
205	[redacted]	53,000	3,000	19.11.18	21.11.17	106,000	
206	[redacted]	43,000	—	21.4.3	23.4.2	43,000	
207	[redacted]	43,000	—	21.4.3	23.4.2	43,000	
208	[redacted]	43,000	3,000	21.6.11	23.6.10	43,000	
209	[redacted]	40,000	3,000	20.8.27	22.8.26	40,000	
301	[redacted]	45,000	—	21.7.15	23.7.14	45,000	
302	[redacted]	45,000	3,000	20.4.1	22.3.31	45,000	
303	[redacted]	50,000	3,000	20.3.25	22.3.24	100,000	
305	[redacted]	47,000	3,000	19.7.11	21.7.10	94,000	
306	[redacted]	50,000	3,000	10.9.22	11.9.21	100,000	賃料滞納者
307	[redacted]	43,000	—	21.4.3	23.4.2	43,000	
308	[redacted]	43,000	—	21.4.3	23.4.2	43,000	
401	[redacted]	50,000	3,000	19.11.16	21.11.15	100,000	
402	[redacted]	47,000	3,000	19.4.22	21.4.21	94,000	
403	[redacted]	43,000	—	21.4.3	23.4.2	43,000	
[redacted]	[redacted]	[redacted]	[redacted]	[redacted]	[redacted]	[redacted]	[redacted]
406	[redacted]	43,000	3,000	21.3.15	23.3.14	43,000	
407	[redacted]	47,000	3,000	19.10.1	21.9.30	94,000	
駐車場	[redacted]	12,000		21.6.11	23.6.10	12,000	
		1,224,000	51,000			1,564,000	

家賃　：43,000円
共益費：無し
契約日：H21/4/3

・店舗で保証金が異常に高い物件……退去すると保証金1000万円を支払わなくてはいけないというケースもある

■今田信宏の不動産投資成功コラム

ガラ空き物件は、当然ながら異様に高い利回りで売却に出ているが、なかなか売却できずに残っていることもしばしば。なかなか融資がつかないから会社員には、このような物件の入手は困難である。このような物件で融資がつくのは次のような人物像だ。

・他の収入からこの物件購入の融資返済を全額差し引いても余裕で生活できる人

・物件の目利きができ、このように全空きで経営の難易度が高いと思われる地域でも物件選定ができる人

・満室経営の実績があり、物件管理面で不安の無い人

自分自身がこのようなステージに立ったら果敢にチャレンジしてほしい。

通常、このような物件は情報が表に出る前に処理されているが、自分自身が成長すると自然とこのような情報も入ってくるようになる。

キャッシュフローの検証方法

物件概要書に記載されている利回りは、「表面利回り」であることがほとんどです。表面利回りとは、単純に家賃収入を物件価格で割った数字で、物件概要書では次の2つの利回りが一般的に記載されています。

①満室想定利回り＝満室想定年収÷物件価格
②現況利回り　＝現況年収÷物件価格

しかし、キャッシュフローを決めるのは、「表面利回り」ではなくて「実質利回り」という投資家もいます。

実質利回り＝（満室想定年収－経費－固定資産税）÷物件価格

▼これがキャッシュフローの計算式だ

ところが、「実質利回り」だけでは、正確なキャッシュフローを算出することができません。では、どのようにして算出すればいいのかというと、次の計算式で算出されます。

年間キャッシュフロー＝（家賃年収－経費－固定資産税）－銀行返済額

銀行返済額は、融資期間と金利によって決まってくるので、キャッシュフローを多く得るためには、次の２つの方法があります。

①金利を低くする
②融資期間を長くする

融資期間と金利による銀行返済額（借入金１億円の場合）

	4.5%	4%	3.5%	3%
30年	608万円	573万	539万	506万
25年	667万	633万	601万	569万
20年	759万	727万	696万	666万
15年	918万	888万	858万	829万
10年	1244万	1215万	1187万	1159万

	2.5%	2%	1.5%
30年	474万	444万	414万
25年	538万	509万	480万
20年	636万	607万	579万
15年	800万	772万	745万
10年	1131万	1104万	1077万

金利を気にする人は多いですが、この表のように、融資期間にも非常に大きな影響を受けます。

例えば、次の２つの物件のキャッシュフローを見てみましょう。

・木造　築２年、金利１・５％の場合
↓融資期間は20年となるため、銀行返済額＝５７９万円
・ＲＣ造　築22年、金利３％の場合
↓融資期間は25年となるため、銀行返済額＝５６９万円

このように、築年数で判断するのではなくて、融資期間で判断する必要があるのです。

LESSON 4

物件の見極め方と市場調査を学ぶ

建物自体の調査項目

物件の購入を決める前には、必ず現地調査を行わなければいけません。ほとんどの方にとっては、マイホーム購入時よりも高額で、人生で一番高額の買い物となるからです。通販で欲しいものを購入するのとは、次元が違います。絶対に現地調査を行ってから、購入してください。

その現地調査の目的は、大きく2つあります。ひとつは建物を実際に見て、建物自体の状態を調査することです。もうひとつは、賃貸市場の調査です。

現地調査の目的は3つ

現地調査では、物件概要書では確認できないことを自分の目で確認していきます。最低でも、次の3つの点を確認してください。

①入居者の状態
②修繕の必要性
③物件の管理状態

ただし、これらの項目がＮＧだったからといって、物件購入を取りやめてはいけません。そう簡単に理想の物件が自分の目の前に現れることはありません。

レントロールなどの書類審査をパスした物件です。わざわざ現地調査をすることを絶対事項としている理由は、そのＮＧだった点をリカバリーできるかどうかを確認するためです。

たとえば、「②修繕の必要性」がＮＧだったならば、自分の資金で修繕が可能かどうかを確認するのです。

あるいは、「③物件の管理状態」がＮＧだったならば、現行の管理会社からの変更が必要かどうかを確認します。

そして入居者の属性を確認して、総合的に判断します。

▼現地調査でチェックすべき項目

☑物件は入居率に偽装がないか？
↓偽装がある場合は、再度物件を評価する必要があります。

☑不良入居者がいないか？
↓扉に家賃催促の紙が貼っている場合は、その部屋の入居者は家賃滞納者です。

☑どの程度リフォームが必要か？
↓必須ではありませんが、空き部屋の内見ができる場合は、リフォーム済みかを確認しましょう。

☑放置自動車、放置自転車、放置バイクなどがあるか？　ゴミや掲示板の管理状況はどうか？

↓物件の管理状態が確認できます。

☑屋上の塗装状況
↓防水塗装の状態をチェックします。塗装が浮き上がったり剥がれている箇所があれば雨漏りの原因となるので、購入後には早急の修繕が必要となります。

☑外装の塗装状況
↓塗装面を指でなぞって白いチョークのような物が付けば、塗装は劣化し、雨漏りの原因となります。数年後には外壁の塗り替えが必要となります。

☑物件のクラックの状況
↓隙間が大きく空いているクラックがある場合は、やはり雨漏りの原因となるので修理が必要ですが、ひび割れ程度であれば、ほとんどのケースでは問題になりません。

賃貸市場を調査するときの重要ポイント

賃貸市場の調査は、物件自体の調査よりも重要です。物件のＮＧ箇所は、お金さえかければ買主個人の力で生まれ変わらせることができるからです。

ところが、賃貸市場だけは、個人の力ではどうすることもできません。

前述の通り、ある地域のシングル向け収益物件は、非常に高利回りで売りに出ています。しかし、この市場は近隣にあった大学の生徒に依存していました。しかしその大学はすでに移転しています。このような市場のシングル向け収益物件は、どんなに高利回りであっても、絶対に買ってはいけない物件です。

そこで、現地調査では入居者付けが可能かの市場調査を行います。

▽入居者付けが可能かの市場調査でチェックすべき項目

☑賃貸仲介業者への入居者付けヒアリング

↓数社の賃貸仲介会社にヒアリングし、募集条件を調整すれば入居者付けが可能かを質問します。

☑駐車場の数、近隣駐車場の有無

↓賃貸仲介業者への入居者付けヒアリングの結果として、駐車場が必要な場合、戸数に対して駐車場の数が不足しているなら、近隣に駐車場を確保する必要があります。

☑近隣の入居率のチェック

↓近隣の同タイプの物件を数棟調べて、入居率を調査します。当然ながらレントロールは入手できないので、調査には「偽装入居を見破る方法」を使います。

■今田信宏の不動産投資成功コラム

不動産投資家が高度なステージになればなるほど、物件の調査は環境調査がメインとなってくる。高度なステージに入ったとしても、物件を見ずに購入してはいけない。実際に最近あった話だが、物件概要書からの数値評価は抜群だった。買付状況を問い合わせると、仲介業者さんが、とにかく物件を先に見てくれと強調する。

物件と言うよりも環境を見て驚いた。物件自体は比較的住宅地にあるが、まず、物件が崖にへばりついていた。次に崖の周りはジャングル化していた。

さらに、地下が水路道となっているらしく、周辺がとんでもない湿気状態。湿気が好きな虫の絶好のすみかになってるようだ。

こんな物件を入手しても入居者は見込めない。

LESSON 5

銀行融資の基礎知識を学ぶ

不動産投資に欠かせないレバレッジについて

不動産投資の特徴は、「レバレッジ」を効かすことができることです。すなわち、少ない自己資金でも、購入物件を担保にして銀行から融資を引き出して、自己資金の何倍もの価格の収益マンションを購入することが可能なのです。

そして銀行への返済は、家賃収入から支払います。

レバレッジ指標の定義は人によって変わってきますが、次のように考えると理解しやすくなります。

①ROI（Return On Investment：投資収益率）

投資した資本に対して得られる利益の割合

キャッシュフロー÷投資総額（物件価格＋諸費用）

②CCR（Cash On Cash Return：自己資金収益率）

レバレッジ（てこ）がきいているかどうかの判定をする指標。自分の目標収入にたどり着くまでいくらの物件をどのくらいのペースで買い進んでいくかというときにも使える指標

キャッシュフロー÷投資自己資金（頭金＋諸費用）

次の例1を見ればよくわかりますが、ROIよりCCRのほうが、効率的に資金を投入していることがハッキリします。

成長のためには、CCRは30％以上、すなわち3年で投資資金を回収することを目指すべきでしょう。

ただ、それ以上に重要なのは、限りあるキャッシュをどのように使用するかを、あらかじめ決めておくことです。

例1）頭金投入によるROIとCCR

頭金	ROI	CCR
フルローン		200万/700万=28.6%
頭金5%(500万円)	200万/(10000万+700万)=1.9%	200万/(500万+700万)=16.7%
頭金10%(1000万円)		200万/(1000万+700万)=11.8%

条件：物件価格1億円/キャッシュフロー200万円/諸費用700万円

例2）キャッシュフローによるROI/CCR

キャッシュフロー	ROI	CCR
50万	50万/(10000万+700万)=0.5%	50万/700万=7.1%
100万	100万/(10000万+700万)=0.9%	100万/700万=14.3%
150万	150万/(10000万+700万)=1.4%	150万/700万=21.4%
200万	200万/(10000万+700万)=1.9%	200万/700万=28.6%

条件：物件価格1億円／フルローン／諸費用700万円

フルローンは危険で、頭金を入れると安全という大ウソ

書籍やインターネットなどで、「フルローンは危険だ！」と発言されている人が多くいます。しかし、「フルローン」と「頭金投入」というモノサシで、不動産投資の「危険性」と「安全性」を測ることができるのでしょうか？

それはできません。なぜなら、「危険性と安全性」を測るモノサシは、別にちゃんとあるからです。そのモノサシが「返済比率」です。

「返済比率」こそが、不動産投資の安全性を測るモノサシ

返済比率は、次の計算式で算出できてしまう、非常に簡単な指標です。

返済比率＝年間銀行返済額／年間満室想定収入

返済比率で危険度を把握する

返済比率	指標
～45%	安全圏
45%～55%	要注意
55%～65%	危険
65%～	投資不可

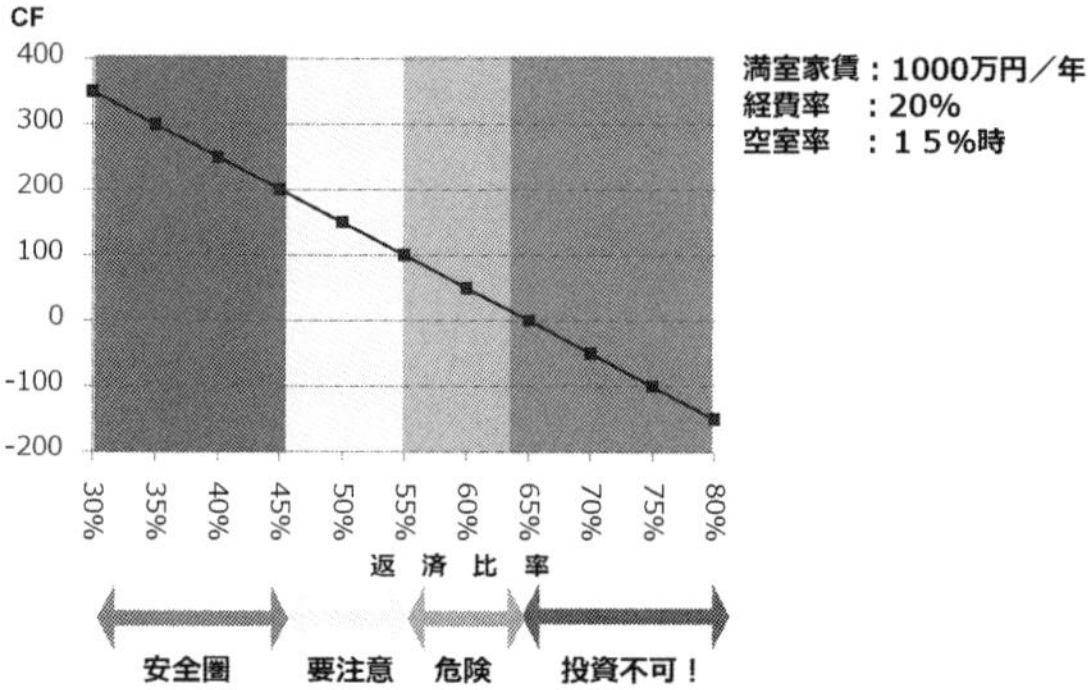

この返済比率によって、上の表のように、簡単に危険性と安全性を推測することができます。危険か安全かの判断基準は、キャッシュフローを目安にしています。

投資不可ゾーンは、キャッシュフローが赤字になる可能性が非常に高く、キャッシュフローを目的とした不動産投資には不適格な物件であると判断できます。

すなわち、フルローンでも返済比率が45％以下であれば安全であり、頭金を入れても返済比率が55％以上であれば危険な投資といえます。

金融機関の種類とその特徴を知っておこう

融資を申し込む際には、金融機関を利用します。金融機関といってもさまざまな種類があります。全国対応している金融機関、地域密着型の金融機関、不動産投資に積極的な金融機関、不動産投資に融資を行っていない金融機関などがあります。

普通銀行

・都市銀行

大都市に本店を構えて、全国に支店展開

・地方銀行

全国地方銀行協会に加盟する銀行という形であるが、加盟行の多くはその本店所在道府県で最大規模の金融機関

・第二地方銀行
社団法人第二地方銀行協会の会員の地方銀行

信託銀行

一般の銀行の業務に加えて、信託業務を取り扱う金融機関

政府系金融機関

出資金の多く（または全額）を政府が出資している金融機関。民間金融機関が融資を行うことが困難な分野に対し、財政投融資制度を用いて融資を行っている

共同組織金融機関

利用者（組合員・会員）自身の出資に拠って存立する。中小事業者や一般個人に

融資戦略の源　～銀行の種類～

	金利	エリア	最大融資期間	融資難易度	
				対会社員	対事業者
都銀	1%台	全国	30年	×	×
地銀第二地銀	2～4%	県レベル支店エリア	30年	○	△～○
信金信組	3～5%	市町村レベル支店エリア	15～20年	△	○
ノンバンク	4～7%	まちまちだが主体主要都市	30年	○	△
政府系等	1～3%	全国	10～15年	△	○

対しての公共的な事業目的としているため、業務の地域や取引相手が限定される

・信用金庫
・信用組合
・農業協同組合

▼ノンバンク

預金により貸付原資を調達する銀行（バンク）に対し、資金調達を銀行からの借り入れや他の金融市場（社債や増資など）で行う貸金業事業者

例）ライフ住宅ローン

「パッケージローン」と「プロパーローン」の違いを理解する

不動産投資に関する書籍やインターネットなどで、多くの投資家が融資（ローン）について解説しています。

しかし、それらの内容をよく読んでみると、「アパートローン」と「プロパーローン」の区別ができていないように見受けられます。

そこでまずは、「アパートローン」と「プロパーローン」について詳細に解説していきます。

「アパートローン」はパッケージ化されたローン商品

アパートローンは、マイホームを購入するときに使う「住宅ローン」と評価方法が似通っています。これらのローンを「パッケージローン」とも呼びます。

パッケージローンでは、次のように決められた項目に対して、判断基準をクリアしているかどうかで融資の審査を行います。

つまり、「個人属性の数字」と「物件を評価した数字」が、銀行が決めている判定基準をクリアすれば融資は通り、クリアできなければ融資を断られます。

その結果、融資が断られるときには、「総合的に判断して、今回の融資はお断りさせていただきます」という「決まりセリフ」を銀行の融資担当者から聞くことになります。

この「総合的に判断して」が曲者で、そのために個人属性の問題と物件の問題が切り分けられなくなってしまっています。

【評価項目】

・個人属性：　年齢・収入・金融資産・居住地エリア　等
・物件評価：　積算評価法・収益評価法・対象エリア　等
・借入条件：　融資額・返済期間・借入金利

融資審査の結果、評価金額が1億円ならば1億円が上限となるので、それ以上の融資（オーバーローン）は不可能です。

また、通常、融資金利に関しても、銀行から提示された金利を下げる交渉ができないケースが多くなります。

アパートローンの対象は、個人だけではなく、銀行によっては資産管理会社も対象としています。

ただし、資産管理会社は純粋に不動産賃貸専業でなければいけません。そのため、資産管理会社の定款の事業目的に不動産賃貸業と関係のない雑貨販売などの業種を入れると、銀行は資産管理会社とは見なしません。

資産管理会社が対象となる場合は、やはり基本的に個人の属性で評価を行います。

▽「プロパーローン」は事業者向けの融資

パッケージローンに相対するように、「プロパーローン」があります。

これは事業用融資のことです。すなわち、不動産投資ではなくて、不動産事業のために行う融資のことです。ここが、アパートローンとの大きな違いです。

アパートローンの場合は資産形成のために融資を行い、プロパーローンの場合は事業に対して融資を行います。そのため、不動産事業としての実績、すなわち会社の業績が評価されます。

融資期間についても、設備資金的な考え方をするため、法定耐用年数の考え方よりも15～20年の期間が目安となります。

銀行には「融資対象エリア」という考え方がある

銀行には、融資をする物件の存在するエリアに制限があります。基本的な考え方は、銀行が監視できるように、物件も借入者も銀行の支店が近くにあることが条件です。これは物件の管理や顧客との付き合いに都合がいいだけではなく、借入者が破綻したときに、いち早く物件と借入者を差し押さえるためでもあります。

特にミニバブル経済以降、融資対象エリアは厳しくなりました。そのため、融資対象エリア外の物件をいくら銀行に持ち込んでも融資は付かないので、対象エリアを把握することは非常に重要です。

銀行の物件に対する融資対象エリアの基本的な考え方は次の通りです。

①支店がある市内の物件
②市が異なっても支店から公共交通機関で1時間以内であれば可能性あり

銀行の融資対象エリア

銀行の種類	融資対象エリア	補足
都銀	全国区	全国に支店がある
地銀	県＋隣県	支店が隣県
信金・信組	県レベル	

■今田信宏の不動産投資成功コラム

「どこの銀行へ行けば融資を受けられますか?」。これは定番の質問である。私も答えを知りたいくらいだ。しかし、これは永遠にひとつの正解を得られない質問である。なぜなら、金融機関の融資は、「属性」や「物件」もさることながら、支店、支店長、担当者、時期、ノルマ(融資金額)達成状況などによって、全く別の銀行に変化するからだ。数と回数をあたるのが基本だ。

例えば、最近こんなことがあった。実際に私がフルローンを受けている銀行に、融資の問い合わせが来たらどう対応しているのかを聞いてみた。すると、「うちは昔から、収益物件へ融資はやっていないと回答しているんですよ。もちろん実際はご存じの通り細々とやっているんですけどね」

今田に融資を行ったのは、飛び入りだったが融資資料が全て揃っていた。たまたま見ると融資適合物件だったんで検討した、とのことだった。

銀行へ融資を申し込む手順と融資申請資料

普段、銀行に行くのはお金を引き出すか、振り込みをするときくらいです。まして融資を申し込むとなると、ほとんどの人が初体験で、どのようにすればいいのかわかりません。

でも、実はみなさんが思っているほど、敷居は高くありません。銀行は融資のできる顧客を探しているのです。

そのため、本気で不動産投資を考えて実行していることを正直に伝えれば、銀行の融資担当者もきちんと対応してくれます。

そのときの心構えとしては、お金を借りるからといって下手に出る必要はありませんが、横柄な態度を取ってもいけません。常識のある社会人として、取引先と商談するように、対等なビジネスパートナーとして交渉してください。きっと銀行の担当者も、真剣に耳を傾けてくれます。

▽銀行への融資申し込みは、電話で確認する

①融資の営業担当者に電話をつないでもらう
↓融資審査部につながると消極的なことしか言わないので、営業担当者につないでもらうのがポイントです。
②自己紹介を行う
名前、住所、職業（勤務先）を伝えます。
③依頼項目を伝える
□中古の賃貸マンション一棟物の購入のために、融資先の銀行を探している
□物件の価格
□物件の所在地
・融資方針を聞く（「条件が合わなければ忙しい時間をせっかく割いてもらっても無駄になると申し訳ないから」とも伝える）
④次の点を確認する

□新規資産管理法人での融資はＯＫか？
□融資可能エリアは？
□融資期間は、ＲＣなら47年から経過年数を引いてくれるのか？
□融資上限金額は？
□頭金は、物件次第ではゼロでもＯＫか？
□金利は？
⑤その他に、自分が気になっている点などを聞く

▽融資申請資料への記入は、事務的に記入すれば問題ない。

正式に融資を申し込むには、各金融機関の融資申込書に必要事項を記入して提出します。この融資申込書は、銀行の担当書に頼めばもらうことができますし、記入方法がわからなければ、銀行の担当者に確認をしましょう。

融資審査依頼時に本当に必要な申請書類

不動産投資について書かれている書籍などには、次のような資料を銀行に提出すれば融資審査に有利になるようなことが書かれています。

・最寄駅の利用客数
・物件所在地の人口推移
・近隣の住環境調査
・競合調査
・長期事業計画書

しかし、パッケージローンに限った場合、銀行の稟議書として必要な書類の中にこれらの資料は入っていないので、せっかく作って提出しても、ほとんど意味がありません。

たくさんの資料を出せば、銀行の融資担当者からは、「○○さん、本当に助かりました。○○さんの作ってくれた資料のおかげで、融資審査は有利になりました」と言ってもらえることもありますが、これはあくまでもねぎらいの御言葉ととらえておきましょう。

ただし、「長期事業計画書」だけは、プロパーローンを受けるときに提出しておくと、いざというときに銀行の融資担当者が融資のために使うことがありますから、提出しておいたほうがいいでしょう。

▽銀行の融資に必要な資料はこれだ

融資を受けるために、銀行に提出すべき「融資資料セット」は、次の表にあるものです。

そして資料を提出する際のポイントは、次の2点です。

準備すべき書類のリスト① 個人属性に関する資料

個人属性資料	備考	補足
本人	運転免許証	
	健康保険証	
	源泉徴収表	3期分
	確定申告書	3期分（ある場合）
	保有資産一覧表	
	保有資産エビデンス	・預金通帳：氏名が写っていること 例）表紙＋明細最終ページ ・株式：明細が必要。氏名が載っていること ・保険：氏名、解約金額が載っていること
	家族構成	氏名・生年月日・続柄一覧表
	自宅	賃貸　　：家賃 自己保有：返済予定表
連帯保証人	運転免許証	
	健康保険証	
	源泉徴収	3期分
	確定申告書	3期分（ある場合）
物件所有の場合	物件概要書	
	家賃明細	契約年月含む
	各戸の占有面積一覧表	
	固定資産公課証明書	直近分
	土地登記簿謄本	
	建物登記簿謄本	
	返済予定表	

準備すべき書類のリスト②　購入物件に関する資料

購入物件資料	備考
物件概要書	
家賃明細	契約年月含む
入居者属性	個人（社会人・学生）／法人
各戸の占有面積一覧表	
修繕履歴	修繕履歴がない場合は不要
間取図	
固定資産公課証明書	直近分
土地登記簿謄本	
建物登記簿謄本	
公図	
地積測量図	
配置図（建物図面）	

①融資資料は1回で全てを揃えて出す
②融資申し込みと同時に提出する

個人属性資料はいつでも提出可能なように、事前に数部を準備しておきましょう。

3つある融資の返済方法のうち、使えるものはひとつだけ

融資の返済方法には、大きく分けて3つの方法があります。①元利均等返済方法、②元金均等返済方法、③バルーン返済方法の3つです。

▼元利均等返済

返済期間を通して、元金返済部分と利息部分を合計した毎回の返済額が一定となるように計算された返済方式です。

返済当初は金利割合が高く、返済回数とともに元金割合が高くなって行きます。

メリットは、金利を経費として計上できるため、返済当初は利益を圧縮できるので税引き後のキャッシュフローが多く残ります。

元金均等返済

毎回の元金の返済額を一定にし、残元金に応じた利息分を支払うように設定された返済形式です。毎月の返済額は返済回数を重ねるとともに減って行きます。

メリットは、元利均等返済と比較して金利を含めたトータル返済額が少なく済ませられることです。

バルーン返済

バルーン返済とは、設定した想定期間を基準として算出した元利均等返済金額(もしくは元金均等返済金額)を支払い、最終回に残元金を一括で支払う返済方式をいいます。最終回に残元金を支払うため支払金額が最後に膨らむ形がバルーン(風船)に似ていることから名づけられています。借入期間とは別に借入期間よりも長い想定期間を設定します(例:借入期間5年、想定期間25年)。

元利均等返済と元金均等返済のしくみ

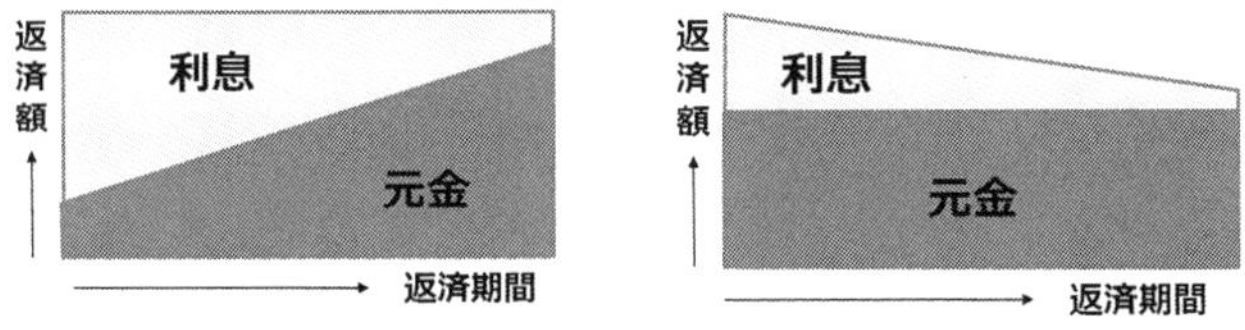

元利均等返済　　元金均等返済

ただし、バルーン返済は転売を前提とした返済方法なので、不動産投資の融資には使えません。

元利均等返済と元金均等返済のどちらを選ぶのがいいのか?

不動産投資関係の書籍には、元利均等返済と元金均等返済のいずれかを検討しようと書かれています。

しかしながら、そもそもアパートローンでは選択肢がありません。アパートローンは「元利均等返済」なのです。

その理由は、元金均等では初期の返済負担が大きいために、銀行の収益評価が出ないため、融資が成り立たないからです。

例えば、1億円の物件で、融資期間30年、金利2・

5%とすると

・元金均等返済：初年度返済額　575万円
・元利均等返済：返済額　　　　478万円

となります。よって銀行としては元金均等返済のほうが収益評価が厳しくなり、融資評価の土俵に上がる物件が極端に少なくなってしまいます。

非常に似通っている住宅ローンも、アパートローンと同様で元利均等返済となっています。

元金均等返済は、一般的に事業性ローンで用いられるケースが多くなります。事業性ローンとは、会社が設備資金や運転資金を借入する場合に適用される融資です。

関西の某地銀では、収益物件の融資を受ける場合に、個人の場合は「元利均等返済」、法人の場合は「元金均等返済」としています。これは個人の場合には「アパートローン」、法人の場合には「事業性ローン」を適用しているからです。

LESSON 6

銀行の融資評価方法について学ぶ

銀行の物件評価方法を大公開

銀行は、物件に対して次のような見方をします。

①収益物件からの家賃収入で返済ができるか?

各銀行は、過去の経験と実績を踏まえた基準があり、それに照らし合わせて検討します。ここには、会社員収入(源泉徴収)も含めて総合的に判断します。

②融資は担保されているか?　すなわち、貸し倒れはしないか?

例えば、残念ながら融資先に経営能力が無いために、返済が滞ったとします。その場合は、銀行は物件の売却を融資先にさせます。そのために、「売却金額で融資を返済できるだろうか?」という評価を行います。

これらの銀行の物件評価方法を知れば、銀行が融資したくなる物件が数字で「見える化」ができます。すなわち、銀行での物件評価が出る物件のみを銀行に持ち込めば、融資審査が通る可能性は飛躍的に向上します。

そして銀行の物件評価には、大きく「積算評価法」と「収益評価法」の2つがあります。この2つの組み合わせによって、銀行は物件に対していくらの融資額を出すかの「融資評価額」を決定します。

▼積算評価法の仕組み

積算評価法とは、土地の価格と建物の現在価値を算出し、その合計額に掛け目（たとえば70%）を融資評価額とする方法です。銀行にとっては、その物件を売却さえすれば融資金額を回収できるため、一般的に多くの銀行が採用しています。

積算評価額＝土地評価額＋建物評価額

◆土地評価額

土地評価額＝土地面積×路線価

・土地面積……土地登記簿謄本に記載されている面積のこと。

・路線価……国税庁が発表し相続税評価額を算出するための基礎となる金額。国税庁が相続税や贈与税を算定する際の基準価格になります。この路線価については、国税庁ホームページから無料で簡単に調べることができます。路線価を調べるときは、「地番」ではなく「住所」

路線価調査のサイト（財産評価計算書）

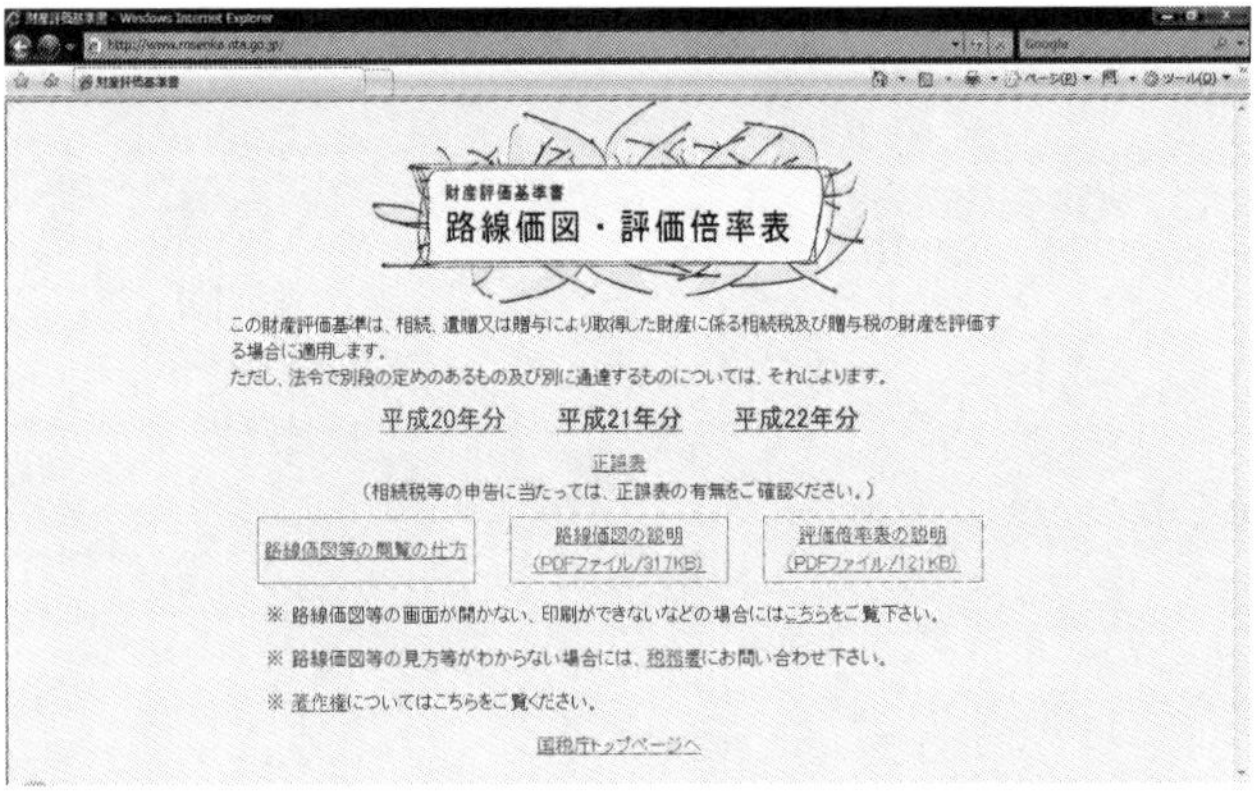

【国税庁のホームページ】 http://www.rosenka.nta.go.jp/

路線価マップ

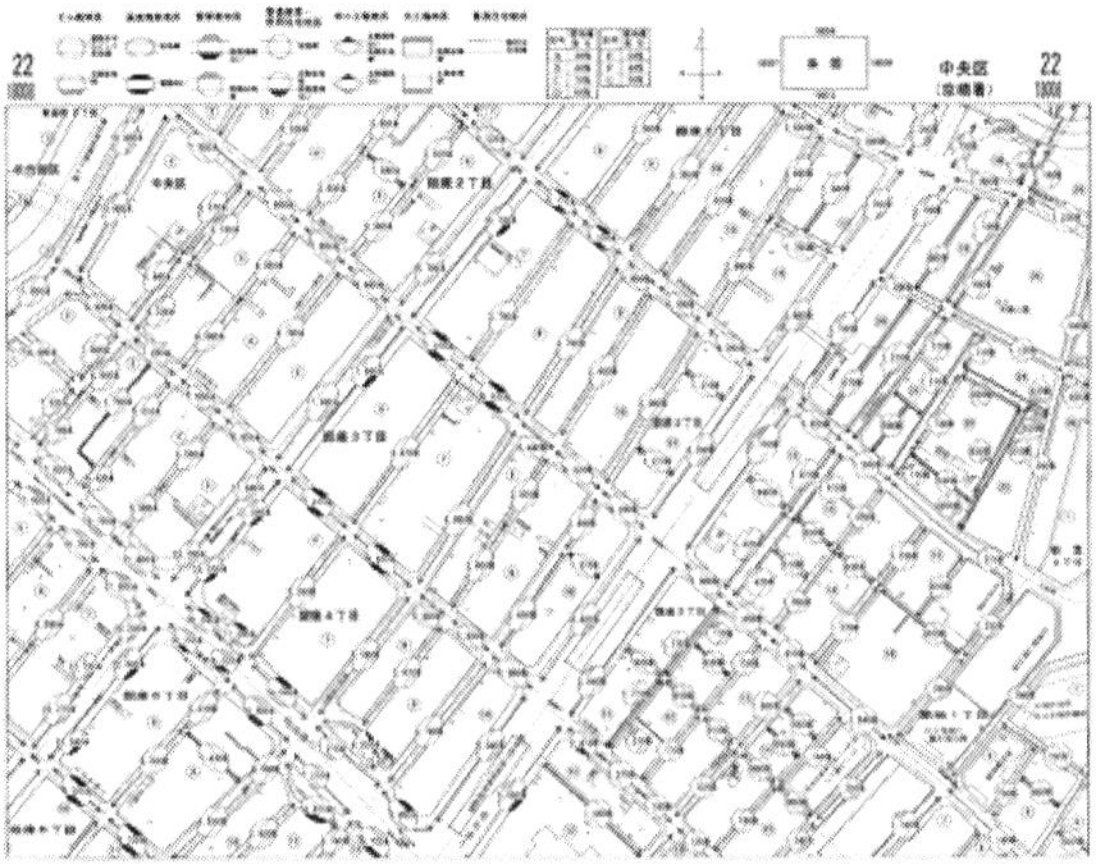

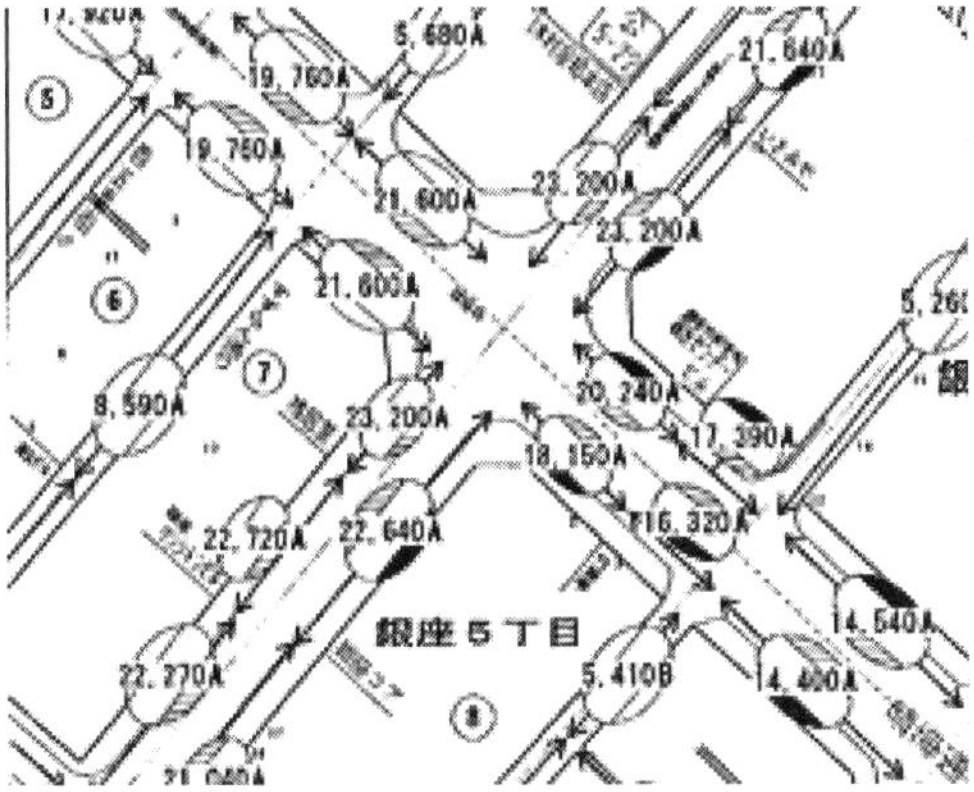

ちなみに下図は、銀座の路線価です。図中の数字の単位は千円／㎡で、なんと高い場所は2272万円／㎡もします。

LESSON 6 銀行の融資評価方法について学ぶ

で調べます。

◆建物評価額

建物評価額＝再調達価格×建延面積×（法定耐用年数－築年数）／法定耐用年数

再調達価格とは、各銀行によって決まっているものですが、次の範囲内に収まっています。

SRC………16～22万円／㎡
RC…………16～22万円／㎡
重量鉄骨……13～18万円／㎡
軽量鉄骨……10～16万円／㎡
木造………10～16万円／㎡

このことから、RCは20万円、鉄骨は18万円、木造は16万円を目安に計算すればよいでしょう。

収益還元法の仕組み

「収益還元法」とは、収益物件からのキャッシュフローを借り入れ返済原資とし、融資金額を決定する方法です。したがって利回りが低い物件だと融資を受けることができません。

その収益評価額は、次の計算でプラスとなる物件価格となります。

家賃収入×（100％－空室率）－経費－固定資産税額－銀行返済（金利：リスク金利）

・家賃収入……銀行により満室想定収入・現況収入と目線は異なります。
・空室率……15％～25％と銀行により異なります。
・経費……築年数によって15％～25％
・固定資産税額……実額

・銀行返済……銀行設定のリスク金利での返済額となります。計算はＥｘｃｅｌで算出できます。

ＰＭＴ（金利÷12，融資年数×12，物件価格）×12

・リスク金利……４％～６％と銀行により異なります。

融資評価額はこうして決まる！

積算評価と収益評価を比較して、低い方の評価が適用されて、融資金額が決定されます。

・積算評価＞収益評価の場合↓融資評価は「収益評価」

・積算評価＜収益評価の場合↓融資評価は「積算評価」

銀行の個人属性評価を大公開

個人属性の評価は、次のステップで銀行に判断されます。

ステップ1：そもそも融資を行える属性であるか？
ステップ2：融資ができる属性の場合、物件規模（価格）が給与所得や資産背景に対して適正であるか？

そして属性評価では、銀行は次のようなことを審査していきます。

・年齢
・家族の構成と年齢
・同居人
・借入金と返済計画

・金融資産
・所有不動産
・持ち家の有無
・勤務先、勤続年数
・確定申告、源泉徴収など

では、ひとつずつポイントを整理して行きましょう。

①年齢

借入返済完了の最大年齢は80歳が目安となります。すなわち、築年数では30年の融資が出る物件でも、50歳を超していると、80歳の年齢制限のために、30年の融資期間が出なくなります。

②年収

銀行によって年収制限があります。ここでいう年収とは、給与所得です。この所得を確認するために、源泉徴収票は3期分を銀行に提出します。

地銀の場合は、年収500万円程度から、都銀の場合は、年収800万円程度から融資審査のテーブルに乗ります。

配偶者が働いている場合は、正社員であれば夫婦合算の年収を見てもらえますが、パートまたは派遣社員などの場合では、夫婦合算は期待できません。

③扶養家族

一人当たりの年間生活費が銀行で決められています。「一人当たり年間生活費×扶養家族数」の金額が、給与収入でカバーできることが必要条件となります。

④金融資産

銀行が金融資産と見なすのは、次の資産となります。

預金、株式、投資信託、外貨預金、生命保険解約金、自宅、不動産（順不同）

LESSON 6 銀行の融資評価方法について学ぶ

融資審査を通すためには、資産、特に金融資産を多く見せたほうが有利です。金融資産を多く銀行に見せると、頭金を多く求められるのではと勘違いされている方も多いですが、これは全く逆です。

夫婦で協力して一度、資産の棚卸しをしてください。

⑤自宅

自宅といってもさまざまなタイプがあります。

1　住宅ローンのある自宅

銀行は自宅を収益ゼロの収益物件として評価します。銀行の定めるリスク金利での返済が給与所得で返済が可能かの評価を行います。返済が可能な場合のみ、融資審査のテーブルに乗ります。

2　住宅ローンのない自宅を所有している場合

純粋な資産として銀行は評価するので、融資評価には有利となります。

3　自宅が賃貸の場合
家賃を給与所得で返済が可能かの評価を行います。返済が可能な場合のみ、融資審査のテーブルに乗ります。

⑥保有物件

保有物件は、銀行が各行の基準に合わせて再評価します。

1　融資を受けていない場合
純粋な資産とみなされ融資審査には有利となります。

2　融資を受けている場合
新規融資物件と同様、積算評価と収益評価を行います。積算評価が残債よりも低いといったような信用毀損があっても、個人属性(給与収入、資産)でカバーできるのであれば融資審査のテーブルに乗ります。

銀行が会社員に融資をしたがる本当の理由

繰り返しになりますが、アパートローンは住宅ローンと考え方が似ています。融資の可否は、「安定した収入」がひとつのポイントになります。

そのため、銀行にとっては収入が安定していればしている程、属性ランクが高くなります。銀行の属性ランクは次のようになります。

1位：師士業（医師、弁護士、会計士、税理士）
2位：公務員
3位：一部上場企業
4位：上場企業

すなわち、会社員の場合も、勤務先の会社が大企業であればあるほど、銀行は将来に渡って安定した給与が得られると判断し、融資を受けるのには有利になります。ただし、大企業に勤務していてもその会社が赤字続き、または経営難に陥っている場合は、融資対象から外れてしまいます。会社員にとって勤務先の会社の信用度が非常に大きなウェイトを占めています。

また、外資系金融関連に勤務、またはプロスポーツ選手で数千万円の年収を得ている人の場合でも、銀行によっては「安定した収入」がないと見なします。なぜなら、これらの職業は単年契約が多く、また基本給を低く抑えて歩合給を大きく取っているケースが多いので、長期間の返済が必要になる不動産融資には向かないと判断されます。

銀行は、収益物件からの家賃収入で支払いが出来なくなった場合でも、安定した給与を持っていれば、そこから支払ってもらうことを前提に審査しています。よって、銀行は安定した会社に勤め、安定した給与を貰っている会社員には積極的に融資を行います。

LESSON 6 銀行の融資評価方法について学ぶ

銀行はこうして融資期間を決めている

融資期間は、キャッシュフローに大きな影響を与えます。

しかしながら、「借金は早く返したい！」という気持ちが強く、一般的に短ければ短いほどいいと考えている人が多くいます。

ところが、投資として考えた場合、これは金利上昇や空室率上昇などのリスク耐力を低下させていることになります。

融資期間は、一度決まると途中で長く変更することができないことを肝に命じる必要があります。

そうはいっても、融資期間は自分主体で決めることができません。各銀行が自行の内規に従って決めます。

銀行の内規で決められているのは「法定耐用年数」で、最長融資期間は次の式で算出されます。ただし、どの銀行でも最長融資期間は30年以下に抑えられています。

融資期間と物件の法定耐用年数

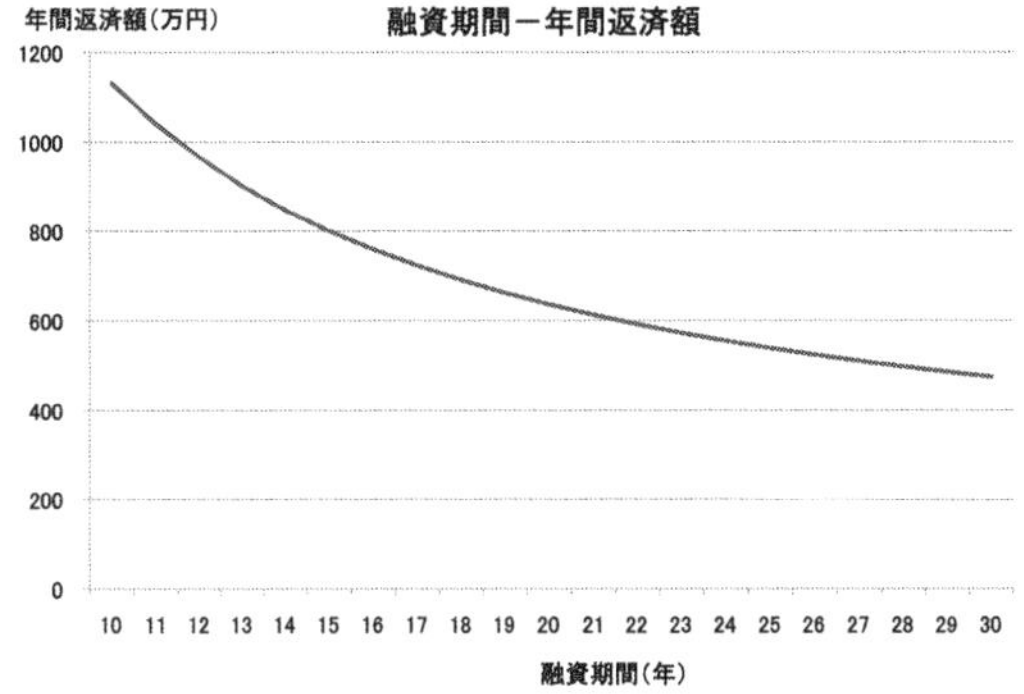

構造	法定耐用年数	銀行内規耐用年数
RC	47	30～47
鉄骨	34	30～35
木造	22	20～25

融資期間＝耐用年数－築年数（最大30年）

これらの耐用年数は、銀行に確認すれば教えてくれます。

また、稟議で融資期間を延ばすことができる銀行もありますが、法定耐用年数をオーバーする融資を受けると、個人属性に毀損が発生し、次の融資に支障を来す可能性が高くなります。ですから、融資期間は法定耐用年数内に抑えるようにしましょう。

LESSON 6 銀行の融資評価方法について学ぶ

銀行の金利決定ロジックを大公開

金融機関によって、金利の決め方が異なります。各金融機関は、長期・短期プライムレートを基準に基準金利を決定しているところや、銀行独自のプライムレートを設定しているところもあります。

これらの基準金利は、それぞれの銀行の資金調達方法や経営方針によって異なります。そしてこの基準金利は、あくまでも「公開金利」であって、融資申込者全員に基準金利と同じ金利が適用されているわけではありません。

実際に、都銀と地銀の一般的な金利の決定は次のようになります。

都銀の金利決定ロジック

アパートローンの場合は、ほとんど金利交渉ができないケースが多くなります。

ただし、個人属性によるランク付けがあり、基準金利より最大1・0%の優遇金利を受けることができるケースがあります。通常は0・9%を超える優遇金利は、億単位の資産を持つ人たちだけになります。

地銀の金利決定ロジック

地銀には、変動金利のみの銀行が多いのが特徴です。また、交渉によっては稟議にかけられ、金利を下げてもらえるケースもあります。

その代わり、交渉のタイミングを間違ってはいけません。

融資申し込みの時点で具体的な金利交渉を行うと、銀行担当者は、融資自体に消極的になります。金利を下げることは、銀行にとっては利益を減らすことに直結するからです。

ですから、金利を交渉するタイミングは、融資が決まってからにしましょう。融資は一度決定すれば、銀行の融資額の予算に組み込まれます。銀行にとって融資額の予算は金利によってお金を稼ぐ収入源なのです。

一方、銀行にとって貯金額の予算は融資の原資ともなりますが、預金者に金利分のお金を支払うための支出源となります。よって、融資額の予算達成は銀行にとって非常に重要なのです。

そうした状況で交渉すれば、銀行担当者も、金利の問題で融資の案件自体を流したくないですから、積極的に金利交渉に乗ってくれます。

交渉ネタは、やはり他行と競合させるのが有効です。

融資が受けられなくなる3つの信用毀損を知っておこう

実は不動産投資において重要なのは、最初に購入する1～2棟です。最初の1、2棟は簡単に融資がついたが、それ以降はパッタリと融資が付かなくなり、投資が止まってしまう人がたくさんいます。

これらの中の多くの方は、実は購入した物件が信用毀損を起こしてその人の個人属性の与信を全て使い切っていることが原因です。特に信用毀損を起こしやすいのは、新築ファミリー型の区分所有とか、築古木造物件を融資を付けて購入したときに発生しやすくなっています。

信用毀損とは、物件のマイナスポイントを数字で評価したものです。信用毀損には大きく分けて次の3種類があります。ただし、金融機関は個人属性で物件のマイナスポイントをカバーできれば融資判断をOKとします。

①収益評価による信用毀損

金融機関は、物件の収益評価がマイナスの場合、家賃収入で返済ができないと判断します。この返済額の不足分が信用毀損となり、給与所得で補填されます。

・利回りの低い物件（10％以下）に融資をつけた場合
・空室の多い物件に融資を付けた場合、入居率が上がれば毀損は解消されるが、空室率の高いままであれば次物件の融資時に銀行は毀損だけではなく、経営能力にも問題ありと判断する

そして給与取得で払いきれなくなると、次回からの銀行融資がストップします。

②積算評価による信用毀損

金融機関は、積算評価がマイナスの場合、抵当権を付けても破綻した場合には回

収ができないと判断します。この不足分が信用毀損となり、保有資産で補填すると考えます。

とくに収益性の高い区分所有に融資をつけて買い続けると、区分所有に対する積算評価が低いために、信用毀損が積み重なって保有資産がマイナスとなれば、債務超過と判断されて、次からの銀行融資がストップします。

③融資期間による信用毀損

金融機関は、建物が法定耐用年数をオーバーする建物の価値をゼロとするので、家賃収入がゼロ、または大幅に低減されて試算されます。

その結果、法定耐用年数オーバー後でも銀行への返済が残っているので、収益評価による毀損と同様の信用毀損が発生します。

または、法定耐用年数がオーバーする時点で、大規模な修繕を行って家賃収入を得るような長期シミュレーションを行うこともあります。その場合は、大規模修繕費は保有資産から支払い、保有資産がマイナスにならないかの判定を行います。

■今田信宏の不動産投資成功コラム

よく、今田さんはすごい優遇金利で借りているんでしょうね……と言われるが、事実は全くの逆である。恥ずかしすぎるため公開していないのだが、クライアントの融資付けをして、自分の優遇金利より低い金利で借りていく方ばかりで腹立たしいことこの上ない！

会社員時代は、私の属性からいって優遇金利幅が小さいのはやむを得ないとして、すでに15棟を保有している今現在でも、である。

これは優遇金利幅は、財務諸表からのスコアリングでおおよそが決まるからだ。頭金を使って購入しない私の投資法では長期債務ばかりが過大でスコアリングはかなり悪いのが実情だ。

人によっては金利が購入意思決定要素になっているようだが、私の場合は全く異なる。金融機関によっておおよその金利は分かるため、その金利でキャッシュフローが出るかどうかが私の投資基準だ。

つまり金利が高ければ、その分良い物件を持ち込めばいいと割り切っている。

銀行は信用毀損を起こす物件にも融資を行う

銀行担当者に「なぜ、あなたは信用毀損を起こす物件に融資をするのか」という質問を投げかければ、「そこに融資が可能な個人属性の申込者がいるから」と答えることでしょう。

銀行担当者は、融資申込者の個人属性を見て、物件の評価が物件価格まで伸びなくても個人の与信枠を使って融資審査を行います。つまり、個人属性の高い融資申込者がこれに該当します。

よく、東京23区内で新築、利回り5%、ファミリータイプ区分を融資を付けて購入している方がいますが、これは与信を使った典型的なケースとなります。しかしながら銀行担当者は、「○○さん、今回は与信枠を使ったので融資が通りましたよ」などと教えてくれることはありません。

属性の高い、例えば師士業の方は気を付ける必要があります。「○○さんだから、この物件は融資が付くんですよ」という甘い言葉には気を付けてください。誰にでも買える物件が本当にいい投資物件です。

■今田信宏の不動産投資成功コラム

信用棄損については、金融機関ごとに詳細な評価方法が異なる。例えば耐用年数を超えた融資を受けていても問題ないとする金融機関もあるが、それを声高にPRする金融機関は、一部を除いてない。

ここでは常識的に考えてほしい。築20年の木造に20年の融資をつけて喜んでいる人は多いが、こういった人に金融機関が次回も融資をしたいと思うだろうか？

とある銀行マンに質問してみたら、次のような回答が返ってきた。

「この方は物件には耐用年数があるということを理解されていないと思われます。会社員で素人ですから、やむを得ないですね。少なくとも当行では次回融資はないです」

逆にこのような投資でも、次の融資が見込めるのは、宅建業者で更地販売の実績がある場合か、投資方法としてすでに確立しており、実績のある場合には、事業性融資として検討が可能です。当然ながらアパートローンの適用は不可です」

とのことだった。君子危うきに近寄らず、である。

連帯保証人が必要な本当の理由

実は、不動産投資はひとりではできません。アパートローンの場合は、配偶者の連帯保証人が必要となります。

配偶者が収入ゼロの専業主婦の場合には、銀行返済が滞った場合に代理で支払える能力がありませんが、連帯保証人になれます。

なぜでしょうか？

それは、例えば債務者が死亡した場合、収益物件は債務とともに相続人に相続されます。債務者が団体信用生命保険に加入している場合は、保険金によって銀行に弁済されます。しかし、弁済された後でも残債が残っている場合は、連帯保証人が債務を引き継いで返済をするようになります。

つまり、相続人と連帯保証人が同一でないと、銀行にとっては非常に面倒なことになります。連帯保証人になれるのは、配偶者や第一順位の相続人である子どもまでが、通常の範囲です。

それ以外の人を連帯保証人につけられても、物件の相続人と債務者、すなわち債務の請求先が異なってしまうので、回収が困難となります。

そのようなことから、独身者の場合は金融機関の融資が厳しくなります。現に、多くの金融機関が独身者に対しては融資を行っていません。独身者に融資を行っている金融機関でも、団体信用生命保険への加入を義務付けて、保険金の中で確実に債務の回収ができるように備えています。

さらに、相続人確認という意味で、親兄弟を連帯保証人として要求されるケースもあります。

団体信用生命保険と健康状態について

アパートローンの場合、団体信用生命保険（団信）への加入は、融資実行条件で強制加入となっています。保険料の支払いは金利の中から充当するため、別途支払う必要はありません。

団信は、主契約者が高度な障害や死亡した場合に保険金が支払われます。銀行は、この保険金をローン債務の弁済に割り当てます。

すなわち、団信に加入できないような健康疾患がある場合は、アパートローンを受けることができません。健康状態を証明できる資料は、

- ・会社の健康診断書の提出
- ・病院で指定された項目の健康診断を行い、診断結果を提出
- ・告知（問診票のみでの回答）

のいずれかとなります。この対応は銀行によって変わります。

ほとんどの銀行の団信の枠は1億円となっていますが、オリックス信託は2億円、スルガ銀行は3億円となっています。団信の枠が1億円の場合は、1億円以上の物件の融資を受ける場合でも、1億円分のみ団信が適用されます。

■今田信宏の不動産投資成功コラム

今田が購入している物件の利回りは最高で22％超。最小で9～12％。最近は12～13％のケースが多い。直近で購入した物件は12・5％だった。

このように利回り至上主義で物件を入手していないし、一方で決して利回りを軽視して物件選定をしている訳ではない。全てはバランス。

利回りは全てを癒す……と言うことは断じてない。現に利回り22％の物件は、私にとっては、毎年、いや最近は年に2度の水漏れを起こし、全くCFを生まないお荷物物件である。

この物件、単体でのCFは赤字だ。

金利の種類は2つ「変動金利」と「固定金利」を理解しよう

金利には、大きく分けて変動金利と固定金利があります。

プライムレートで変わる「変動金利」

各金融機関が独自で決定するプライムレートに連動して金利が変動します。よって、プライムレートに変更があると変更されることになります。

見直し時期は毎年4月1日と10月1日の年2回となるケースが多くなります。そのときのプライムレートをもとに金利が変わり、7月と翌1月の返済分から適用されます。

決められた一定期間は金利が変わらない「固定金利」

一定期間は固定金利になり、その期間が過ぎると変動金利になります。「当初2年間固定」、「当初5年間固定」、「当初10年間固定」といった商品があります。

銀行によっては、固定金利の期間が過ぎれば、再度、固定金利か変動金利を選択できるところもあります。都銀の場合は、このようにさまざまなオプションがありますが、地銀などの場合は、変動金利のみというケースも珍しくはありません。

固定金利には罠がある！

金利上昇のリスク回避として、長期固定金利を勧める人がいます。また、長期の固定金利を好む人もいます。本人はそれをリスクヘッジと純粋に信じて込んでいますが、そこには大きな罠が潜んでいます。実は固定金利には二つの大きな問題点があります。

【問題点1】

固定金利は、現状金利が固定金利を上回って初めてメリットがあります。長期固定金利は変動金利に対して、通常は2％程度あがります。これはリスクヘッジのためめに、毎年1億円の借入金あたり200万円もの大きな負担を支払っていることとなります。10年間だと、なんと2000万円にもなります。

【問題点2】

固定金利期間中に、物件の売却や繰り上げ返済、借り替えなどで借入金を返済すると、返済時の固定金利より変動金利が低かった場合に、「その差額分（契約金利－基準金利）×固定金利借入残年数」をペナルティとして一括で払う必要があります。

不動産融資に積極的な銀行は、通常ペナルティをかけており、このペナルティから容易に物件を売却できなくなります。

地方銀行などは、ペナルティなしで返済可能なところもありますが、そういうところは概して固定金利が非常に高くなっています。銀行からは説明してくれないケースがほとんどですので、融資時にはペナルティの有無をチェックしてください。

■今田信宏の不動産投資成功コラム

私自身痛い目に遭っている。

投資を始めた初期のころ、日本破綻がもてはやされていた。明日にでも円の大暴落、金利の急上昇がおこりそうな雰囲気だった。ちなみに円の大暴落、金利の急上昇の質問は、いつの時代も定番だから投資する際は誰もが気になるものらしい。

そこで、長期の固定金利にしたのが大失敗。金利は一向に上がらないどころか、どんどん下がる。借り換えようにも、莫大なペナルティが必要なことが判明。これ以降は、変動か短期の固定を選択している。

私の知り合いも、初期のころの投資だったからか、どうしてもリスクを限定したいと、超長期の固定を選択した。合計で10億円ほど購入したが、投資スタイルが変化したために、初期に投資した物件の入れ替えを考えた。そして金融機関に相談して愕然とした。基準金利の低下により、金利ペナルティが何と2000万円を超えていたのだ。

売却時に一括支払いが必要な金額だ。当然ながら売却はあきらめるしかない。

このようにリスクヘッジのつもりが物件保有リスクを外せなくなる可能性があることを知っておいてほしい。

LESSON 7

物件の管理について学ぶ

管理会社を選定する3つのポイント

管理会社の業務には、大きく分けて「建物管理（ＢＭ）」と「賃貸管理（ＰＭ）」がありますが、やはり大家さんが管理会社にもっとも期待するのは「入居者付け」です。いくら物件をキレイに管理してくれても、入居者を付ける力がないと意味がありません。よって管理会社選定のポイントは、「入居者を付ける力が強い」ことです。

ただし、入居者募集に関しては、管理会社のスタイルも２つに分かれます。どちらのスタイルの管理会社に依頼するかは、地域性によります。大都市ではＡタイプが多く、地方に行けばＢタイプが強い傾向にあります。

・Ａタイプ……入居者募集は地域の賃貸仲介会社に大家さんの代わりに依頼する
・Ｂタイプ……自前の店舗があり、自社で入居者募集をする。（エイブル、アパマン、ミニミニが代表例）

そして管理会社を選定する際には、次のポイントに気を付けましょう。

①賃貸募集の客付け能力はあるか？

↓管理戸数、管理物件の平均入居率を確認する

②周囲の賃貸仲介会社と連携が取れているか？

↓自社店舗のみで入居募集をするのではなく、他社にも依頼する管理会社のほうが間口が広がる。

③管理手数料はいくらか？

↓現況家賃の5％を基本として、それ以上は高いと考えてよい。地域によって3％～8％まで幅がある。

ただし、学生に依存している収益物件の場合には、大学の生協に強いコネクションを持っている管理会社を選定しなければいけません。基本的に入居者募集は大学の合格シーズンから入学シーズンに限られています。この期間、いかに大学生協から学生を紹介して貰えるかが入居者付けのキーポイントになります。

所有者変更後にしなければいけない3つのこと

収益物件を入手した後、真っ先にしなければいけないことが3つあります。それを行わないと、物件の管理はできない、入居者の募集はできない、家賃は入ってこない、と三重苦に追い込まれます。

そのやらなければいけない3つのこととは、「鍵の引き渡し」、「賃貸人の地位継承に関する通知書の発行」、「賃貸契約書の引き渡し」です。

鍵の引き渡し

所有権移転をすれば、物件の鍵を全て前所有者から引き継ぎます。全ての鍵ですから、部屋の鍵だけではなく、物件の入口や機械室、屋上扉などをすべて含みます。ひとつでも欠けてはいけませんから、引き継ぎの際には「鍵明細書」などで確認しながら、確実に受け取ってください。
鍵を引き継ぐタイミングは、銀行での決済終了後に行うのが通常です。

「賃貸人の地位継承に関する通知書」の発行

所有権が変われば、全ての入居者に「賃貸人の地位継承に関する通知書」を送ります。この通知書によって、物件の所有者が変更されたこと、管理会社が変更されたことを入居者に伝えます。

そして重要なことが、家賃の振込先を変更してもらうことです。とはいえ、一般的には、この通知書の作成と通知は管理会社が対応してくれます。

賃貸契約書の引き渡し

前所有者からは、全入居者の賃貸契約書を引き渡してもらいます。入居者は物件売却の前から賃貸契約を結んでいるので、その賃貸契約の内容をそのまま引き継ぐ

鍵明細書の例

鍵　明　細　書　1

室名など	鍵　番　号	個数	備　考
マスターキー	ＶＤＥ９８８２１	3	改装済の住宅全戸入り口
マスターキー	ＰＣＥ９１６３１　Ｌ３Ｒ６	3	改装前の住宅全戸入り口
旧マスターキー	４５７４３Ａ　　Ｌ２Ｒ１	1	２Ｆエレベーター機械室、 ３，４，５Ｆ物置
101	Ｆ５５１３６７	3	空室
102	Ｍ０９２７４７５	1	
103	別紙	11	
105	別紙	11	
106	別紙	13	空室
107	別紙	11	
201	Ｆ６７２７６７	1	
202	別紙	13	空室
203	別紙	10	空室
205	Ｆ５６２７６７	1	
206	Ｆ３７３３６７	1	
207	Ｆ４５２７６７	2	空室
301	１３３１４５	1	
302	Ｆ３７７５６７	1	
303	Ｆ５７７７６７	1	
305	Ｍ０９２７９０２	1	
306	別紙	11	
307	別紙	11	
401	１５３１２３	3	空室
402	Ｆ３７３５６７	1	
403	別紙	11	
405	１１２１４５	1	
406	別紙	11	
502	Ｆ４６７７６７	1	
503	別紙	11	
505	別紙	8	
506	Ｆ６１２３６７	1	
２ｆＥＶ機械室	Ｂ６７４１５１	3	
３ｆ物置	Ｂ１３５１１１	2	
４ｆ物置	Ｂ１３３１１１	3	
５ｆ物置	Ｂ２３４１１１	2	
ＥＶ入り口戸	日立ｴﾚﾍﾞｰﾀｰｶｰﾄﾞ付き	2	
管理人室	コピー（Ｈ３０３）	1	

鍵　明　細　書　2

名など	鍵　番　号	個数	備　考
左	３０Ｅ２２２・コピー（Ｈ５）	2	
右	コピー（Ｈ５）	1	
	３０Ｅ０５８	1	
上	３０Ｅ０１１	2	
	２３２Ｂ	1	
ン庫　右	ダイマツ３２２３	1	
ン庫　左	ダイマツ３４４３	1	
込盤	番号なし	1	
ｰﾀｰ･ｂｏｘ	番号なし	1	
6	Ｇ２６７	2	
7	Ｇ３３１	2	
9	Ｇ２３０・Ｈ１３８	2	
0	Ｇ５４３	1	
1	Ｇ２９９	2	
3	Ｇ２２０	2	

ン清掃 左 右 室	 コピー（Ｈ５） コピー（Ｈ５） コピー（Ｈ３３７）	 1 1 1	担当　鈴木
ニ北陸 ン庫左 右	 ３２２３ ３４４３	 1 1	担当　藤井
ｴﾚﾍﾞｰﾀｰ ｰ機械室 ｰ扉		 1 1	
 左 右		 1 1	臭気についてクレーム有り ゴミ箱管理を道路向かいの 住民に依頼、鍵を渡す。

ことになります。

ある部屋の家賃が相場より非常に安いので家賃を上げようとしても、法律上、無理です。

引き継いだ契約書については、本来、貸主が変わるので蒔き直しをしなければいけませんが、契約料が新たに発生するので、現行の賃貸契約書を継続するケースが多いようです。

「賃貸人の地位継承に関する通知書」の例

重要

平成 22 年 8 月吉日

■■■マンション●●号室
●●　●●　様

（賃貸人の地位継承に関するご通知書）

旧賃借人　[redacted]
株式会社[redacted]
取締役[redacted]　㊞

新賃貸人
兼所有者　[redacted]
株式会社[redacted]
代表取締役[redacted]　㊞

拝啓

平素は、「■■■マンション（以下、「本物件」といいます。）」の良好な環境維持・運営に関しご協力を賜り、厚く御礼申し上げます。

この度、かねてより株式会社[redacted]（以下、「旧賃借人」といいます。）から貴殿（貴社）に賃借頂いております本物件の所有権を、[redacted]から平成 22 年 8 月 1 日付で株式会社[redacted]（以下、「新賃貸人」といいます。）に移転致しました。

このことに伴い、平成 22 年 8 月 1 日をもって、旧賃貸人より新賃貸人に賃貸人の地位および権利・義務を継承致します。つきましては、下記事項につき、ご通知申し上げます。　敬具

記

1．　旧賃借人と貴殿（貴社）との間に取り交わされている賃貸借契約書等は、基本内容の通り、現状のまま新賃貸人に有効に引継がれ、賃料等の請求権も新賃貸人に継承されます。

2．　貴殿（貴社）に返還を要する敷金がある場合は、その返還債務は旧賃貸人より免責的に新賃貸人に承継されました。よって、敷金返還義務は新賃貸人が負うことになります。

3．　賃料等は、平成 22 年 9 月分賃料等（8 月下旬支払分）より、支払先が変更になります。大変お手数ですが、今後の賃料等は後記口座宛にお振込頂きますようお願い申し上げます。

4．　建物名称につきましては、新賃貸人において変更する場合が御座います。その場合には，相当の期間を設けてご通知申し上げます。　以上

新しい賃料・共益費のお支払先 （平成 22 年 9 月分より）	●●●銀行　●●支店 ●●口座　No. ●●●● 口座名義：●●●●●●
本書面に関するお問合せ先（新管理会社） なお、本物件の管理会社が変更になります。 併せてご確認の程、宜しくお願い致します。	株式会社[redacted] 〒[redacted]　大阪市[redacted] 電話：06-[redacted] 担当：[redacted]　㊞

管理会社との付き合い方

管理会社は、大家さんの下請け業者と考えている人が結構多くいます。そのような認識では、管理会社とは良好な関係を結ぶことができません。あくまでもビジネス・パートナーとして、同じ目標に向けて協力していく関係を作る必要があります。そのためには「Ｗｉｎ－Ｗｉｎ」の関係が必要です。管理会社に損を与える大家さんには協力してくれません。

管理会社と良好な関係を築くためには、レスポンスとコミュニケーションがポイントとなります。

レスポンスをよくしよう

管理会社は最前線に立って、大家さんの代わりに入居者募集やクレーム対応をしてくれています。そのため、次のようにすぐに判断しなければいけない事項が度々発生します。

・店頭でお客さんが家賃の値下げを要求している
・部屋にトラブルが発生して、すぐに修繕が必要
・不測の事態（泥棒、犯罪など）が発生した

このようなケースでは、管理会社は大家さんにお伺いを立てなければいけません。ところが、大家さんに連絡が取れないとか、その場で即断してくれないと対応ができません。

例えば家賃の値下げ交渉をしているお客さんは取り逃がすこととなります。入居者からのクレームに対応できないと退去の原因となります。このような大家さんの物件は、管理会社は入居者を付けるのを避けるようになります。

▽コミュニケーションをよくしよう

管理会社とのコミュニケーションは、賃貸経営を成功させるためには絶対&必要条件となります。

大家よりも管理会社のほうが、市場状況や建物状況を理解しています。そのため、管理会社は大家さんにいろいろな提案をしてきます。それらの提案を無碍に断るのではなく、しっかりと「聞く耳」を持つことが重要です。

納得できる提案は実行し、納得できない提案に関しては、管理会社にきちんと理由と考え方を説明する必要があります。

これらのコミュニケーションは決して難しいことではなく、会社員の世界では常識的に行われていることです。

すなわち、満室経営という同じ目標に向かって大家さんと管理会社がお互いに「聞く耳」を持って、その中でお互いに納得した方法で運営していくことが、真のコミュニケーションといえるのです。

こんな大家が嫌われる

- ☑管理会社の提案を全く聞いてくれない
- ☑費用が掛かればやたらと値引き交渉をする
- ☑管理費に文句をつける。または値引き要求する
- ☑大家への質問事項に対して、レスポンスが遅い、または無い
- ☑大家にいつ電話を掛けても出ない、折り返しの連絡もない
- ☑やたらと威張り散らす

管理会社にヒアリングすると、「入居者付で一番大変なことは、入居希望者を説得することではなく、大家さんを説得することです」と回答する管理会社が多いです。

会社員大家さんの強みを生かす経営

会社員の賃貸経営に対する能力は、実は非常に高いのです。会社員業はやった者しかわかりませんが、大変です。会社の予算を達成するために馬車馬のように働きます。目標通りに遂行できれば良いですが、上司は必ず必死に頑張れば手に届くかもしれない目標を掲げます。

そのために次々と発生する課題や問題の対策を考え、実行し、解決していきます。いつもＰＤＣＡ(Plan Do Check Action)を駆使して業務を遂行しています。

また、そのためには他部門、外注先、顧客など、数々の折衝も必要となります。大企業の会社員なんかは、世界を相手に戦っているのです。

そのため、知らず知らずのうちに会社員には次のような能力が備わっています。

①課題解決能力がある

会社員としての幾多の経験により、考える力、課題への対処方法、わからないときの調べ方など、不動産投資に必要な基礎能力が十分に備わっています。

②交渉能力がある

収益物件の購入は、人との交渉の連続となります。時にはタフなネゴシエーションを要求されることもあります。会社員として幾多の他部門または業者とのやり取りを経たあなたなら、全く問題ありません。

賃貸市場での競争相手は、昔ながらの大家さんがほとんどです。ほとんどの昔ながらの大家さんは、閉ざされた慣れ合いの市場で経営してきています。空室が発生しても積極的な対策は行わず、どちらかといえば建物の清掃とか植木の剪定に興味があるようです。

その市場に入って行く会社員大家さんは会社員としての能力を発揮すれば「羊の群れの中の狼」になれるのです。

DIYは本当にお勧めなのか？

DIYは「Do It Yourself」の略語で、専門業者に任せずに自らの手で生活空間をより快適に仕事しようとする概念のことです。大家さん、特に会社員大家の間ではこれを拡大解釈して、収益物件の部屋のリフォームを自分で行って、リフォーム業者に支払う外部流出費用を可能な限り抑えるのが流行っています。

しかしながら、DIYにはある重要な考え方が抜け落ちています。それは「自分の労働時間に対する対価」です。このことを理解した上で、自分の限られた貴重な時間をDIYに使うのか、不動産投資の成長に使うのかを決めることが重要です。管理戸数が100戸を超すような規模になると、DIYでは対応できなくなります。

もちろん、小規模の賃貸経営の場合、DIYは収益を増やすためのひとつの手段となります。また、区分所有や築古木造物件も、リフォーム費用の負担が大きいので、収益面から見るとDIYは有効な方法となります。

投資ステージ、投資方法によって、DIY／リフォーム業者を使い分ける必要があります。

■今田信宏の不動産投資成功コラム

小規模な際も、自身のステージをよく考えてほしい。物件を具体的に購入しようとしているのであれば、物件探しに全力であたるべきだろう。

一方で、諸費用をためているステージであれば、外部流出費用を防止するためのDIYはやむを得ない。ただ、投資よりDIYが面白くなってこじんまりとまとまってしまう人も多いのでご注意を。

ちなみに投資規模が大きくなると、DIYは現実的には全く不可能となる。今田の場合、現在の総戸数は370室を超えている。平均入居年数を5年とすると、370÷5年÷12カ月＝約6室が毎月退去する。DIYどころか、物件の管理手法も規模が大きくなると変化せざるを得ない。

例えば入居者の決定確認やリフォームの確認などで、いちいち電話されたらたまらないのだ。こうして業務はどんどん自動化するのが必須となる。

逆に自動化できない経営者は規模の拡大は不可能だ。

入居者付けには原状回復が重要

入居者が退去した後、リフォームによる原状回復をしないで賃貸募集をする大家さんがいます。このような大家さんは管理会社に「入居者が付けば、リフォームします」と必ず言っています。

ところが、原状回復していない部屋に入居者は付きません。また、管理会社もそのことを知っているので、お客さんに物件自体を紹介しなくなります。ですから、入居者が退去したら、必ずリフォームをしてから募集をかけるのが基本です。

リフォームの内容は次の内容が基本となります。

・壁紙交換
・床材交換
・水回りの清掃

・部屋のクリーニング

その他に設備が古くなっている場合には設備の交換も同時に行います。

このときに、付加価値を上げて家賃を上げようと考える大家さんもいます。その場合には、費用対効果を十分に検討する必要があります。

入居者の平均入居年数は、

・シングル　：　3～4年
・ファミリー：　5～6年

と言われています。すなわち、家賃を5000円上げる場合には、次の費用以下に抑える必要があります。

・シングル：　5000円×4年×12カ月＝24万円
・ファミリー：5000円×6年×12か月＝36万円

このことを考慮して、どこまで費用を掛けて付加価値をアップさせるのかを、管理会社と相談して決めます。募集を行うのは管理会社なので、大家さんの一人勝手な付加価値アップをしても、管理会社を困らせるだけになります。

通常、管理会社またはリフォーム業者に内装を依頼すると、リフォーム会社が在庫品を使うケースが多くなります。すなわちデザイン性を考慮しません。

そこで、内装のカラーコーディネートをするだけで、部屋を探している内見者に与える物件の印象がグッと上がり、その結果、成約率が上がります。カラーコーディネートだけで材料選びを間違わなければ、リフォーム費用は変わりません。

ただし、素人が勉強してカラーコーディネートをしても、壁紙、床材などの素材選定まではできません。カラーコーディネートを請け負っているデザイナーもいますが、依頼料は数十万円が相場です。

最近では「収益物件向けのデザイン集」なども販売されているので、それらを参考にする方法もあります。

「収益物件、リフォーム、デザイン」のキーワードでインターネットを検索すれば見つかります。

不動産投資で大切なのは出口戦略

投資には、必ず出口戦略が必要です。出口を迎えて初めてその投資が成功したかどうかが決まります。「今日の株価は○○円だから、○○円儲かった！」と売却せずに喜ぶのは、「捕らぬ狸の皮算用」です。

不動産投資でも出口戦略は重要で、次の４つが代表的な出口戦略です。

①転売

物件を何年か保有した後に売却する方法です。この方法が一般的な出口戦略ですが、何年後にいくらで売却が可能かを考えます。売却価格は銀行の融資の考え方と同じ考えで試算をします。

・積算評価：売却予想年数の時点の価値を算出

・収益評価：売却予想年数時の築年数の物件相場家賃を調べて、収益評価より価値を算出

②建替え

「物件を建替えての収益>現状収益」となる場合に、建て替えをする方法です。ただし、借入が残っている場合は、一旦全額返済しないと建て替えができません。

③土地として売却

建替えで収益が見込めない場合は、土地として売却します。その場合、全住居人の退去後、「古家付き」、もしくは「更地」にして売却することになります。

④土地として活用

建物を取り壊して、その跡地を駐車場やコンテナ倉庫として活用します。通常は建替えのほうが収益が大きくなりますが、銀行からの借入が不要で土地活用ができるメリットがあります。

■今田信宏の不動産投資成功コラム

私の不動産投資法では、ほとんど全てを数値化、すなわち可視化して評価し、投資判断をする。例えば永遠の議論となる「地方投資法と都市投資法」。これをあえて投資法として切り分けて議論したがる人がいるが、私の中ではシンプルだ。いずれもいい投資もあれば悪い投資もあるということ。数値化しないからこんなことも議論となる。

実は出口戦略も同様。詳細はシミュレーションを交えないと説明が困難だが、期間収益を重視するのか、キャッシュフローを重視するのかなど、投資目的によって出口も変化する。ただ、多くの会社員にとっての出口は「持ちきり」もしくは「転売」となるだろう。ちなみに「持ちきり」の場合は、相続が発生するため、相続の税務戦略の考慮が必須となる。不動産投資の奥は実に深い。

最近知り合った、投資規模、スキル共、私が足元にも及ばない実践家の諸大先輩を見るにつけ、私はやっと投資の小学生となった程度であり、私自身まだまだ発展途上である。今後成長、実践し、知識をまた論理化・言語化して、それを必要とする方々に紹介することを楽しみにしている。

LESSON 7

物件の管理について学ぶ

STAFF

カバーデザイン：E Branch　冨澤 崇
編集制作：小峯悠、小口和昭（BRIGHTEN Inc.）
校正：小峯順子

著者：北岸正光（きたぎし・まさみつ）

実践不動産投資家。サラリーマン時代、今田の指導を受けて不動産投資を始め、たった５か月で会社員をリタイア、経済的自由を勝ち取る。

2006年に投資を開始し、2007年にサラリーマンをリタイア。2007年リタイア時、３棟、８２室を運営。総資産４億5,000万円、家賃収入6,300万円／年（満室時）、銀行への返済2,600万円未満／年、（家賃収入－返済＝3,700万円／年）を誇る。

購入した物件は２棟がフルローン。１棟はオーバーローンで購入。頭金はゼロどころか、オーバーローン分お金が返ってきて購入している。

現在は独立し、自らも実践不動産投資家として、株式会社リベルティーノ代表取締役を務める。「サラリーマンが収益不動産でリタイアする会」の事務局運営など幅広く活動中。

現在：6棟179室を運営。総資産８億円、家賃収入1.13億円／年（満室時）、銀行への返済5,100万円未満／年（家賃収入−返済＝6,200万円／年）。

監修者：今田信宏（いまだ・のぶひろ）

実践不動産投資家。1964年9月山口県生まれ。岡山県育ち。岡山大学工学部卒業後、メーカーに勤務。サラリーマン生活を続ける傍ら、2004年に収益不動産投資をはじめる。2006年リタイア時、7棟、137室を運営。投資総額6億5,000万円。年間家賃収入は8,400万円を超え、年間返済額は3,600万円未満、差引額は4,800万円に達する。

リタイア後も引き続き物件を入手し、現在は15棟379室を運営。投資総額20億円、年間家賃収入は2億8,000万円を超え、年間返済額は1億3,000万円未満、差引額は1億5,000万円に達する。現在は自身のホームページで成功法や体験談を積極的に公開しつつ、不動産投資や満室経営のコンサルティングを実施している。

著書に『満室経営バイブル』（かんき出版）、監修書に『頭金ゼロではじめる〈高速〉収益不動産投資成功法［実践編］』（ぱる出版）がある。

◎実践不動産投資家 今田信宏のサイト
http://www.imadanobuhiro.jp/

◎満室経営 大家119
http://www.ooya119.com/

平凡《へいぼん》サラリーマンから大逆転《だいぎゃくてん》！
年収《ねんしゅう》1億円《おくえん》を生《う》む〈実践《じっせん》〉不動産投資法《ふどうさんとうしほう》

2010年9月24日　初版発行

著者　北《きた》岸《ぎし》正《まさ》光《みつ》
監修者　今《いま》田《だ》信《のぶ》宏《ひろ》
発行者　常塚嘉明
発行所　株式会社 ぱる出版

〒160-0011　東京都新宿区若葉1-9-16
03(3353)2835—代表　03(3353)2826—FAX
03(3353)3679—編集
振替　東京 00100-3-131586
印刷・製本　中央精版印刷(株)

ISBN978-4-8272-0585-5 C0033